U0903361

CHENGDU JIAOYU LANPISHU

成都教育蓝皮书

成都教育发展年度报告【2011卷】

成都教育发展年度报告

【2011卷】

CHENGDU JIAOYU FAZHAN NIANDU BAOGAO

成都市教育科学研究院　编

西南财经大学出版社

目　录

第一篇　主题报告

第二篇　专题报告

第三篇　媒体聚焦

第一篇

主题报告

第一篇

王道雅言

2010 年成都市教育发展年度报告

2010 年以来，成都教育紧密围绕城乡统筹、“四位一体”科学发展总体战略，以统筹城乡教育综合改革试验区建设为载体，按照“全域成都”理念，确立了“深入推进城乡教育均衡化、全面推进教育现代化、加快教育国际化进程”的成都教育“三化”联动发展战略，以优质教育资源的城乡交流共享为抓手，把“教育体制机制改革创新”作为根本举措，运用统筹城乡的思路和办法，促进全域成都教育均衡发展，各项目标任务全面完成，教育事业迈上新台阶。

目前，全市共有中小学 1 099 所，幼儿园 1 691 所，普通高校 47 所（其中市属高校 4 所）。全市在校中小学生共 156 万人，在园幼儿 29.5 万人，普通高校本、专科在校生 58.9 万人，硕士研究生 6.2 万人，中小学教职工 10.6 万人。成都市不断完善“城乡一体”的现代教育体系，教育现代化实现新的突破。

一、发展概况与成就

（一）学前教育：公共服务体系不断扩大

按照学前教育公益性原则，以促进学前教育公平为根本，坚持政府主导、大力发展公益性幼儿园、鼓励多元化办学，逐步建立布局合理、覆盖城乡的学前教育体系及比较完整的学前教育师资培养培训体系。

一是推进农村中心幼儿园标准化建设工程。构建起了“政府建设、多元举办、规范管理、限价收费”的运行机制。截至目前，市级财政已分期投入 4 000 万元用于标准化中心幼儿园的建设。目前，全市 77 个农村镇（乡、街道）已建成农村标准化中心幼儿园。到 2011 年底，全市将完成 232 所农村标准化中心幼儿园建设。

二是学前教育集团化发展。通过“名园+新园”、“名园+民园”、“名园+弱园”和“名园+农村园”等多种形式，实现优质资源共享，带动集团幼儿园的品质提升，并成功举办了“学前教育均衡发展”论坛。

三是制定《成都市人民政府关于促进学前教育发展的意见》，保障公益性幼儿园运行经费。实施农村幼儿园建设经费补助，实现城乡家庭经济困难幼儿入园财政补助满覆盖，确保家庭经济困难适龄幼儿能入园等一系列政策举措，促进了全市城乡幼儿教育优质发展。2010年，全市幼儿园办园数量增加33所，在园幼儿数量增加30 886人，专任教师增加1 847人（见图1）。

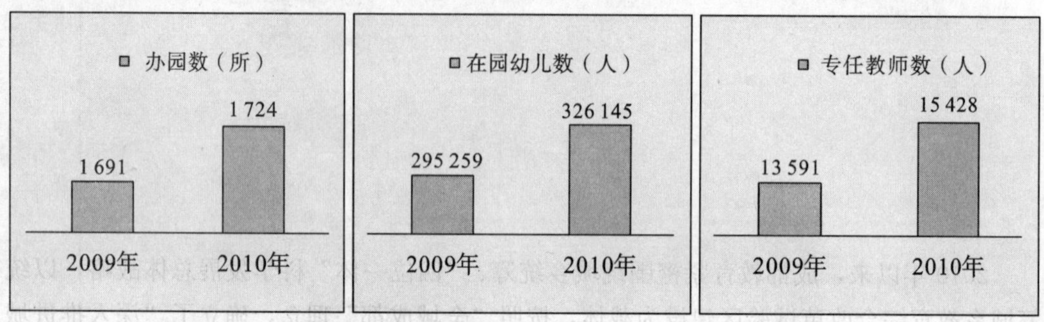

图1 2009年、2010年成都市幼儿园办园数、在园幼儿数和专任教师数

（二）义务教育：均衡发展成效显著

成都是全国统筹城乡综合配套改革实验区。从2003年开始，成都市就将推进义务教育均衡发展作为城乡一体化发展的重中之重，坚持以政府投入为主体，以资源合理配置为核心，以缩小城乡教育差距为目的，运用统筹城乡的思路和办法，开启了“六个一体化”的探索和实践，包括推进发展规划城乡一体化、办学条件城乡一体化、教师配置城乡一体化、教育质量城乡一体化、评估标准城乡一体化、教育经费城乡一体化，旨在以提升质量和均衡发展为着力点，着力促进城乡教育优质均衡发展。2010年，坚持“六个一体化”成果显著，主要表现在：

一是深入推进义务教育均衡发展。加强区域统筹的城乡规划，建立教育公共服务制度，改革农村义务教育管理体制，统筹城乡学校硬件建设，推进教师队伍建设，改进教育教学管理，实现现代化建设满覆盖、优秀师资满覆盖、特色发展满覆盖“三个满覆盖”。采用多种方式均衡发展办学资源配置，包括加大教育经费投入，重点向农村倾斜，城乡办学条件标准化，分布实施学校布局调整和学校基础设施建设。实施城乡捆绑、教育集团化发展，促进教育内涵均衡发展。关注弱势人群子女教育，促进教育公平。全市实施初中学校提升行动计划，提升83所初中学校办学水平；全市小学生均教育技术装备值由2006年的527元提高到898元，初中由650元提高到现在的1 300元。加强义务教育校际均衡监测，2010年，在全国首次对外发布《义务教育校际均衡监测蓝皮书》。

二是着力巩固提高“两基”成果。2010年，全市小学适龄儿童入学率为100%，升学率为104.3%；全市初中学龄儿童入学率为99.77%，初中毕业生升入高中阶段学校升学率为93.54%；小学生辍学率为0.07%，初中生辍学率为0.35%。2010年，全市特殊教育学校（中心）21所，普通学校附设特殊教育班31个，随班就读班（点）数602个，全市在校残疾学生5 014人，适龄特殊需要儿童少年义务教育阶段入学率达98.91%。

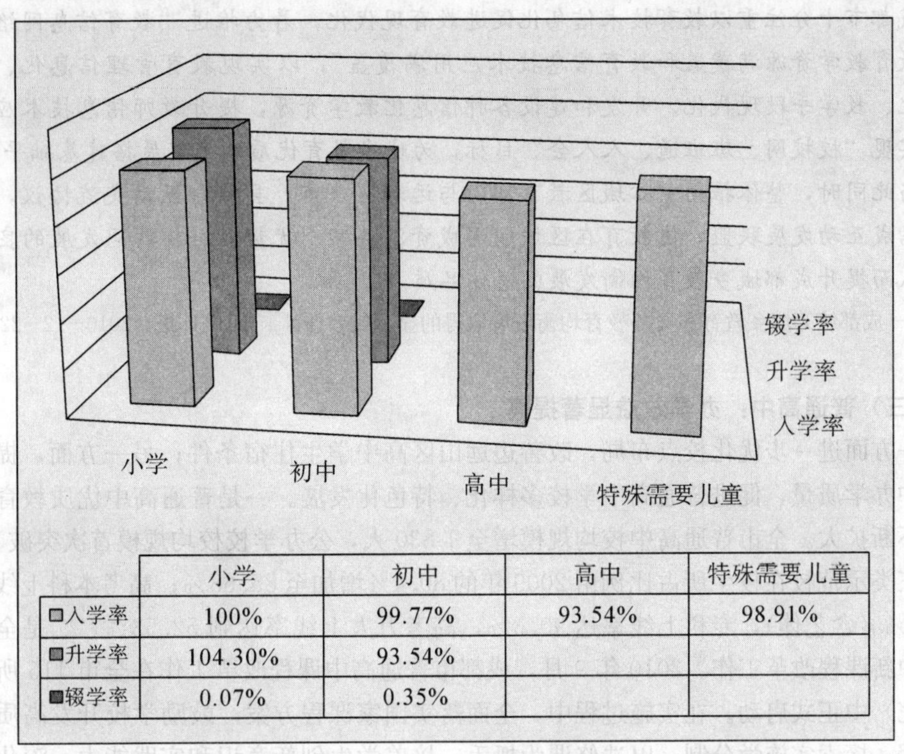

	小学	初中	高中	特殊需要儿童
入学率	100%	99.77%	93.54%	98.91%
升学率	104.30%	93.54%		
辍学率	0.07%	0.35%		

图 2　2010 年成都小学、初中、高中、特殊需要儿童入学率、升学率、辍学率

三是着力提高教育质量。深入推进义务教育课程改革，转变课堂教学方式，创新教学方法，提高课堂教学效率；深入开展“阳光体育”活动、国学经典诵读活动等，不断提高学生综合素质；整顿、规范学科培训和竞赛，规范办学行为，切实减轻中小学生课业负担。

四是保障教育公平。根据全域成都户籍改革政策，在广泛调研的基础上，积极研究、拟订《关于义务教育阶段学生按户籍所在地就近入学的实施意见》、《关于加快推进同一区（市）县域内城乡公共教育资源均衡配置的办法》，遏制择校热，保障教育公平。

案例 1. 高地建设，城乡居民共创共享高品质教育

成都今年初步构建城乡一体的现代教育体系，基本实现城乡教育服务均等化；到 2015 年，形成城乡教育一体的现代教育体系，把成都建设成为中西部地区环境最佳、水平最高、质量最好的教育高地。

金堂县杨柳小学五年级二班的陈梦竹小朋友做梦都没有想到，现在可以通过空中 e 课堂和锦江区盐道街小学的小朋友同堂上课。空中 e 课堂是通过视频互动直播平台，实现优质学校与薄弱学校同时上优质课。锦江区已经投入 100 多万元，购买了 42 套网络直播设备，分别配送到区内优质教育链的学校以及对口支援区县的薄弱学校。

成都市十分注重以教育技术信息化促进教育现代化，着力推进“教育信息网络满覆盖、教育教学资源满覆盖和教育信息技术应用满覆盖”，以实现教育管理信息化、资源数字化、教学手段现代化。开发和建设各种信息化教学资源，提升教师信息技术应用能力，实现“校校网、班班通、人人会”目标，为城乡教育优质均衡发展搭建基础平台。

与此同时，整体推动中心城区教育部门与远郊区（市）县签订互动交流协议，帮助它们结成互动发展联盟，使教育在区域间形成资源共享、优势互补、共同发展的良好态势，从而提升成都城乡教育均衡发展的总体品质。

——成都统筹城乡教育和义务教育均衡发展取得的显著成效［N］．四川日报，2010-12-22.

（三）普通高中：办学效益显著提高

一方面进一步优化校点布局，改善边远山区高中学生住宿条件；另一方面，提高普通高中办学质量，促进普通高中学校多样化、特色化发展。一是普通高中优质教育资源总量不断扩大。全市普通高中校均规模增至1 830人，公办学校校均规模首次突破2 000人；三类示范校在校生所占比例由2009年的80.4％增加至85.68％；高考本科上线率达46.67％（含艺体），专科上线率达90.3％，高考万人上线率达到52.53％。二是全面启动高中新课程改革工作。2010年9月，成都市普通高中课程改革工作在全市115所普通高（完）中正式启动。在实施过程中，全面落实国家课程方案，鼓励学校开发高质量校本课程；探索实施学分制，以选修课为抓手，培养学生创新意识和实践能力；深化高中课堂教学改革，探索新的教与学方式；建设拔尖创新人才培养基地，为部分学有余力的高中学生开辟学习发展新途径。三是普通高中办学模式更加特色化、多样化。四、七、九等学校教育集团注重内涵发展，办学质量不断提高，办学特色日益突出；涌现出一大批以信息技术、艺术、体育、科技、外语、国防教育等为特色的学校，一些普通高中学校举办的特色班、国际部等对外影响不断扩大。四是加快普通高中通用技术试验室建设，完成我市普通高中通用技术试验室建设方案及建设标准，并保障了建设经费。

表1　2010年成都市扩大优质教育资源　促进城乡普通高中教育均衡发展规划

目标任务
1. 成都石室中学、成都七中、成都树德中学教育集团形成规模，三校新校区正式投入使用。成都石室教育集团覆盖8个区域，校点数达到10个，集团规模达到20 000人（含初中5 000人）。成都七中教育集团覆盖6个区域，校点数达到12个，集团规模达到21 000人（含初中7 000人）。成都树德教育集团覆盖10个区域，校点数达到15个，集团规模达到29 000人（含初中5 000人）。
2. 通过捆掷发展、合作办学等形式，使中心城区接受国家级、省级示范性普通高中帮扶的学校达到10所，中心城区基本形成优质普通高中教育资源满覆盖。14个郊区（市）县完成8所普通高中的对口帮扶工作；郊区（市）县对口帮扶的农村学校达到30所。
3. 通过撤并、整合等形式消除公办薄弱学校10所，全市优质普通高中教育资源全域覆盖格局基本形成。

（四）职教攻坚：取得阶段性重大成果

2010年，全市继续大力实施职教攻坚计划，秉承服务成都经济社会发展的理念，调整专业和课程结构，提升人才培养规格，发放教育券，大力改善中等职业学校办学条件。一是进一步加强重点学校建设，推进全市中职学校基础能力建设。成都市工业职业技术学校等6所中职学校成功申报首批国家中等职业教育改革发展示范学校；两所农村学校创建为国家级重点中等职业学校；两所农村学校创建为省级重点中等职业学校；新建改建了邛崃职中、大邑职中、新都职中、青白江职中等学校。二是加强实训基地建设。结合产业发展和重点专业建设，引导实训基地实现从传统消耗型向现代生产型、由封闭运行型向开放服务型的转变。全市已建成专业实训基地68个，其中开放型公共实训基地6个，每年2万余名农村中职学生到公共实训基地进行技能训练。三是加强重点专业建设。成都市礼仪职业中学等3所学校的3个专业通过省级重点专业评估；崇州职中等12所学校的12个专业被评为市级重点专业。我市选派10所学校的57名优秀选手参加2010年全国中职学生技能大赛，获得全国一等奖4个、二等奖13个、三等奖17个。四是加强"双师型"教师队伍建设，共有216名教师被认定为"双师型"教师，通过校级领导培训制度、管理干部学习制度、专业教师赴企业实践等制度，提升"双师型"教师比例，培养了一批在行业企业具有一定知名度的高素质骨干教师。五是加强职教集团化建设，实现城乡职教共同发展。目前，9个职教集团所属专业学生总数8万余人，加入集团的企业达150余家，其中产值上亿的企业达30余家。2010年，全市区域内中职招生10.65万人，比2009年多了17 418人，增幅为19.6%；在校生26.11万人，比2009年多了39 968人，增幅为18.1%（如图3）；毕业生就业率为98.96%，对口就业率为79.3%，毕业生双证率达到80%以上。

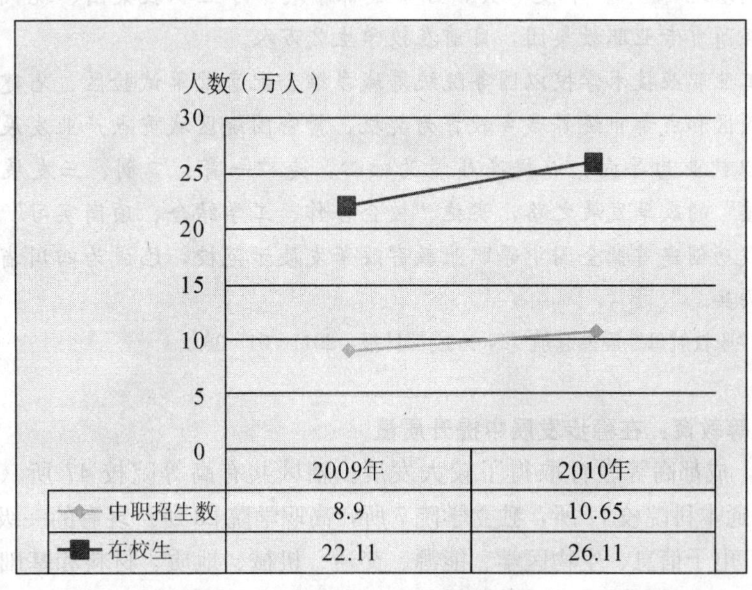

	2009年	2010年
中职招生数	8.9	10.65
在校生	22.11	26.11

图3　2009年、2010年成都市中职学校招生数、在校生数对比

不断提升高职教育质量。一是做好省级示范性高等职业院校评估工作。启动了省级示范性高等职业院校建设单位申报工作。成都职业技术学院顺利通过2010年度省级评估。二是启动特色专业及精品课程建设工作。制订和颁布了成都市特色专业和精品课程实施方案，首批启动4个市级特色专业、20个精品课程的建设工作。三是进一步做好学生创业培训、加大创建国家级创业型城市工作。6月，成功开办了在蓉高校“KAB创业教育（中国）项目师资培训班”。

案例2. 首批国家示范校成都市工业职业技术学校倾力打造“全省第一、全国一流、国际知名的二产类龙头职校”

为适应经济社会发展方式转变和产业结构调整，承接产业转移的要求，落实建设世界现代田园城市和发展高端产业、产业高端的战略部署，成都市于2010年将原成都铁路运输学校、成都市工业学校、成都市建设学校、成都市财政贸易学校、成都市公共交通职业学校、成都市建筑中等专业学校6所市属优质学校整合形成成都市工业职业技术学校，旨在推动成都职业教育集约化、规模化、连锁化发展，进一步提升我市职业教育基础能力，激发职业院校办学活力。

新校区位于双流县正兴镇，紧邻高新技术开发区，占地500亩，总投资10亿元，总建筑面积约30万平方米。学校有在职教职工1 200人，专任教师本科以上学历占98.5%，“双师型”教师占专任专业课教师的85.3%。学校共开设有40个专业，其中，国家级改革试点专业1个，四川省重点专业9个；建有校内实训基地26个，其中中央财政支持建设的实训基地3个、校企共建生产型实训基地8个，设备总值达7 000万元；建有校外实训基地47个。学校牵头领办了成都市汽车专业职教集团、现代物流专业职教集团和财经商贸专业职教集团，目前在校学生2万人。

成都市工业职业技术学校以国务院统筹城乡综合配套改革试验区、省建设职业教育综合改革试验区和成都市统筹城乡教育为契机，紧密围绕区域重点产业发展规划，以服务为宗旨、以就业为导向、以提高质量为核心，走“一育、二创、三发展、四个一体化、五个对接”的改革发展之路，实施“校企合作、工学结合、顶岗实习”的人才培养模式改革，成功创建首批全国中等职业教育改革发展示范校，已成为四川省、成都市中职战线的排头兵。

——我市“职教航母”震撼起航［N］. 成都日报，2011-01-06.

（五）高等教育：在稳步发展中提升质量

2010年，成都高等教育取得了较大发展。辖区共有高等院校47所（市属高校4所），其中普通本科院校17所，独立学院7所，高职学院23所。现有的一级国家重点学科涉及医药、电子信息、生物医学、能源、交通、机械、地质、材料和基础研究等学科领域；现有的二级学科国家重点学科主要涉及医药、电子信息、交通、基础研究、机械、金融、地质、材料、化工、食品、农业、水电和能源等学科；现有一级学科省级重点学科涵盖了除军事学、教育学以外的10个学科分类；现有二级学科省级重点学科涵盖了除军事学以外的11个学科分类，逐步形成了较为完备的高等教育体系。同时，辖区高等院校在科学研究和社会服务等方面取得突出成就。2010年，辖区内的高校共获得国家科学技术奖12项，其中科技进步奖5项；技术发明奖7项。市属院校也积极发挥专业优势，服务成都经济社会发展。2010年成都大学与成都市农委、成都市质量技术监督局等部门以及40余个企业开展合作，与广元、乐山、双流等20多个县（市）签订合作协议，建立产学研基地近百个。积极参与灾后重建，参与四川省科技富民行动。横向服务和技术转化项目达到80项，培训成都市村干部、食品质检技术人员、软件、旅游、动漫等人才10 000余人次，提供技术咨询服务400余项。

案例3. 成都大学2010年科研工作整体保持较好发展态势

截至2010年底，全校科研项目申报400余项，纵向立项80项，国家基金项目立项实现了突破，获得国家自然科学基金青年项目立项资助和国家社会科学基金项目立项资助共2项。到校科研经费接近2 000万元，年终有望达到3 000万元。根据统计，目前学校自然科学项目立项在全省45所本科院校中列第20位，科研经费在省内院校中列第15位，发表论文在省内院校中列第17位，社会科学课题立项在省内35所院校中列第23位，科研经费在全省高校中列第15位，发表论文数列全省高校第16位，与上一年度相比各项指标均有较大幅度增长。科研平台建设取得新进展，新增省教育厅人文社科基地“四川动漫研究中心”和省高校重点实验室“药食同源植物资源开发四川省高校重点实验室”2个重要的科研平台。目前学校已建省（部）级重点实验室、研究中心8个。2010年学校还承办了3次高水平的国际（地区）学术会议。

——周激流. 在成都大学第四届教职工代表大会暨第六届工会会员代表大会第三次会议上的工作报告［R］. 2010-11-28.

（六）终身教育：在完善体系中提高效益

一是广泛开展农民工培训。2010年，全市共向20万符合条件的农民工及城镇失业人员发放就业培训券，培训农民工25万人，为全年目标的120.4%。其中，在岗培训5.2万人，品牌培训1.1万人，农村劳动力技能培训10.6万人。二是完善社区教育体系。依托成都广播电视大学系统网络和现代远程教育平台，充分整合区域教育机构的优质资源，形成以社区大学和20所社区教育学院为主体为龙头，以219所乡镇成人学校（社区教育学校）为骨干，以1 666所村社区教学点和1 034所中小学资源开放为辅助的全方位、多层次、现代化、开放式的社区教育网络服务体系（见图4）。青羊区、武侯区、锦江区、温江区、双流县的社区教育示范区、实验区的作用得到充分发挥和辐射，社区教育西部协作会议在我市首次召开，西部社区教育高地的地位初步显现。

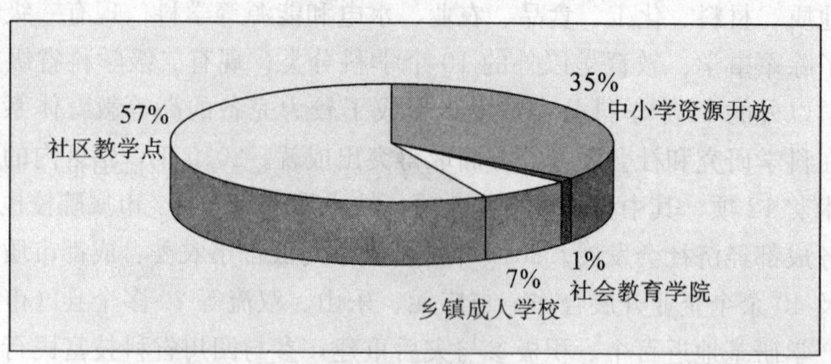

图 4　2010 年成都市终身教育体系构成

二、推进政策与措施

（一）统筹推进城乡教育高水平均衡发展

坚持“全域成都”的理念，统筹城乡教育发展，构建起了既并行发展又互相补充的优质教育资源全域成都满覆盖体系，有效提升了全域成都的教育质量和均衡发展水平。

一是强化教育经费一体化。2010 年，全市初中生均经费差异如表 2，预算内教育事业费均值 4 247.05 元，城市均值 4 071.12 元，农村均值 4 476.95 元，城乡比率 0.91：1，生均预算内公用经费支出全市均值 1 009.92 元，城市均值 1 089.01，农村均值 906.58 元，城乡比率 1.20：1。全市九年一贯制学校城乡经费差异如表 3。教育经费投入落到实处，有力地保障了教育事业的发展。

表 2　　全市初中教育经费支出差异

指标	全市均值	城市均值	农村均值	城乡比率
生均预算内教育事业费支出（元）	4 247.05	4 071.12	4 476.95	0.91：1
生均预算内公用经费支出（元）	1 009.92	1 089.01	906.58	1.20：1

表 3　　全市九年一贯制学校教育经费支出差异

指标	全市均值	城市均值	农村均值	城乡比率
生均预算内教育事业费支出（元）	3 656.08	3 602.78	3 675.05	0.98：1
小学生均预算内公用经费支出（元）	606.88	717.88	564.52	1.27：1
初中生均预算内公用经费支出（元）	858.73	949.89	829.31	1.15：1

二是推进名校城乡共享。组建名校集团，推动名校进工业园区、进灾区、进山区，提升新建学校、农村学校、薄弱学校的发展水平。全市组建名校教育集团 135 个，涵盖学前教育、义务教育和高中阶段教育。其中紧凑型和松散型集团 78 个。通过领办支持、

指导合作、对口帮扶等形式，四、七、九三校教育集团，覆盖了所有 20 个区（市）县，触角延伸至 43 所城乡学校，涉及学生 8 万余人。

三是建立城乡互动联盟。制定并实施《城乡学校互动发展联盟实施方案》，在全市范围全面推进城乡学校“互动发展联盟”，集成推进教育资源的城乡间流动共享。五个中心城区、高新区与三圈层的 8 个区（市）县和青白江区签订了互动交流协议，全面启动了互动发展工作。通过城乡教育互动发展，在城乡教育间形成资源共享、优势互补、共同发展的良好态势。

四是开展城乡百校结对。在城乡互动发展联盟的基础上，在全市范围内，遴选出 130 所较好的学校与 169 所较弱的学校深度结对，中心城区的名校与郊区边缘学校全部结对。结对学校共同制订结对计划，采取“一对一”支援形式或共同体发展模式，形成合作互动的发展团队，共同教研、共同科研、共同培训、共同发展，共享前沿信息、共享教育资源、共享发展成果，辐射优质教育。

五是组织城乡师徒牵手。在全市组织和选拔 7 175 名师德高尚、业务精湛的骨干教师（包括学科带头人、特级教师、教育专家）与 8 819 名农村教师和一般教师结成师徒，采取师徒“一对一”、一师多徒、名师工作室等多种有效方式，切实提升农村教师专业化水平。

六是教育网络全域覆盖。以教育的信息化为基础实现优质教育资源的城乡共用共享。成都教育城域网顺利开通，通过光纤介入教育城域网的学校已达到 91.2%。学生计算机生机比达到 14∶1，学校教师计算机师机比达到 3.7∶1，教室多媒体系统达到 4 个班拥有一套，实现“校校网、班班通、人人会”的教育信息化建设目标。市、区、校三级资源共建共享交换平台已完成开发任务。

案例 4. 国务委员刘延东亲笔批示，充分肯定成都市城乡一体化推进教育均衡发展模式经验

2011 年 5 月 31 日，国务委员刘延东在《教育决策咨询》2011 年第 13 期《成都市城乡一体化推进教育均衡发展模式经验总结报告》上批示指出：成都推进城乡教育一体化的经验和做法对于促进教育公平和教育优质资源均衡发展有很好的借鉴和推广意义，请加以总结、宣传、推广。

（二）保障和改善教育民生

2010 年，以教育公平为基本理念，完善“公平均等”的教育公共服务体系，切实保障和改善教育民生。

一是完善义务教育保障机制。全市近 100 万义务教育阶段中小学生全部免除了学杂费、课本费和作业本费，近 70 万农村义务教育阶段学生实现了“零费用”入学。全市的 19 所公办民助类改制学校“回归”公办体制办学，执行同类公办学校招生政策和收费标准。

二是健全教育资助体系。做好家庭经济困难学生资助工作。全年资助城乡低保家庭学生及特殊困难家庭学生15.3万人次，资助总额2 258.1万元，中职类专项资助18.8万人次，资助总额20 738万元，发放高教生源地信用助学贷款学生1 848人；接受义务教育的进城务工就业农村劳动者子女19.4万人（其中在中心城区就读的12.5万人）；落实藏区“9+3”免费职业教育计划，全市共有24所中等职业学校接收“9+3”学生4 014人接收学校数和学生数均占全省“9+3”学校和学生总数的四分之一。

三是大力改善城乡学校办学条件。在全面完成重灾区学校重建工作的基础上，启动实施全市中小学校校舍安全工程总体规划（2009—2011年），涉及学校595所（共1 803栋），规划建设面积约467万平方米，规划总投资约77.5亿元。现已开工项目1 455个，占项目总数的80%；完工项目1 347个，占项目总数的74%；完成投资55.8亿元，占总投资的72%。完成77所农村乡镇标准化中心幼儿园建设。

四是切实保障残疾学生接受义务教育。目前，全市特殊教育学校（中心）21所，普通学校附设特殊教育班31个，全市在校残疾学生4 996人，视力、听力和智力残疾三类残疾儿童少年义务教育阶段入学率达98.87%。

五是全面提升教师素质。市级集中培训了1 500名农村中小学教学骨干，帮助3.5万名农村教师完成专科、本科学历提升，帮助400名农村骨干教师攻读教育硕士。三年一轮的6 500名市级骨干教师培训顺利进行。全面开展“十万教师大比武”活动，涵盖普教、职教、幼教、特教四大序列，全市20个区（市）县共计10万余教师全员参与。

（三）全面实施素质教育

坚持以内涵发展、提高质量为导向，深化教育改革，全面推进素质教育。

一是以“聚焦课堂”为抓手，推动学校综合教育质量评价体系改革。建立学校综合教育质量评价体系，体系以全体学生为对象，以完成规定教育内容、达成规定培养目标为标准，以合格率、完成率、保留率和学生综合素质等为主要指标，以综合评价为主、日常和专项评价为辅、社会评价为印证的综合评价体系，形成规范办学行为工作长效机制。

二是以“减负增效”为宗旨，深化学生综合素质评价体系改革。建立学生综合能力评价测试体系，发现和发展学生的潜能，加强对学生综合能力和潜在素质的考查。加强与社会实际和学生生活密切联系知识的测试与考核，注重考查学生对知识与技能掌握情况及分析、解决问题的能力，培养学生的创新意识和创新能力。开展科学的质量监测，适时进行抽样测试、有效评定，促进学生综合素质全面提升。

三是以“绩效工资”为契机，完善教师队伍评价制度改革。强化教师管理，建立完善干部教师激励约束机制。建立县域内教师和校长定期交流机制，健全完善城镇教师支援农村教育制度，促进基础教育均衡发展。开展教师教学大比武活动，鼓励表彰学校和教师通过提高教学效率提升教育质量，逐步形成以全面育人为导向的教师考核评价制度。

四是以“质量提升”为核心，继续深化基础教育课程改革。继续把课程改革和课堂教学改革作为推进素质教育的关键环节，围绕课堂质量提升，优化课堂教学，提高课堂教学效率，大力加强中小学生创新精神和实践能力的培养。创新教研和培训形式，建设精品高效课堂，引导学校、教师营造教师有效教学、学校有效运转、学生有效学习的良好教育教学环境，构建具有特色的现代基础教育课程体系。

五是以“阳光招生”为目标，完善和改进中考招生制度改革。改革现行中考招生制度，建立并逐步完善以初中学业水平考试为基础、与学生综合素质评价相结合的招生考试制度。坚持综合评价、择优录取，把初中学业水平考试成绩和综合素质评价结果作为普通高中招生的主要依据。鼓励各区（市）县和学校积极开展学生综合素质评价工作，完善高中阶段学校综合评价录取办法，探索多样化录取方式，逐步实行中职类学校凭初中毕业成绩和毕业证免试升学、普通高中指标到校生制度。清理中考加分项目，营造公开、公平、公正的招生考试氛围。

（四）推动区域合作与教育国际化

坚持“引进来走出去”战略，抓住灾后教育重建契机，推进灾区教育与援建省市教育合作，积极推进成都教育与先进地区教育、国际教育的交流与合作，有效提升成都教育国际化水平。

一是建立与援建省市的合作机制。灾区与援建省市建立了教师培养培训机制，援建省市为灾区制订了中小学骨干教师研修项目计划、师资培训协议和支教计划，分期为灾区培训教师和开展支教活动，把先进的教育理念注入灾区教育。上海市与19个区（县）的32所知名学校与都江堰市19个乡镇的51所中小学、幼儿园签订对口帮扶协议，都江堰市教育局与上海市教委教研室签订了教研合作协议和职业教育合作协议，建立共同教研科研机制。福建省教育厅与彭州市教育局、福建17所知名学校与彭州市16所学校签订了“手拉手”对口帮扶协议。重庆市教委和崇州市教育局签订了《重庆市教育系统后期援助四川省崇州市教育系统灾后恢复重建的协议书》，重庆市政府和崇州市政府签署了建立包括教育在内的长效合作机制的框架协议，重庆市与崇州市的10所学校（幼儿园）开展了两地学校“一对一”牵手结对。

二是建立城市间战略合作机制。以共同构建区域性教育高地为目标，在教育发展战略、教育规划、教育政策、课题研究及教育数据库建设等方面，与宁波市、雅安市等开展战略合作，通过整体谋划战略项目和具体项目合作与交流，积极创新合作体制机制，营造良好的软硬环境，促进区域教育和谐发展，提升区域内教育的竞争力。

三是建立局校（所）间战略合作机制。充分利用和发挥区域内高等院校的资源优势，促进优势互补、资源共享。成都市教育局与四川师范大学签订了教育战略合作协议，双方在教育科研、教师培训、素质教育、大学生实习就业等方面实现优势互补，将有效整合行政部门的资源优势和高校的智力优势，促进高师院校为地方实现教育均衡发展做贡献。与成都大学共建统筹城乡教育发展研究中心，不断增强地方高校服务区域经济社会发展的能力，加强统筹城乡教育的决策咨询研究。青羊区教育局依托中央教科所的优势和力量，整体谋划和提升区域教育水平。

四是积极引进境内外优质资源落户。由市政府投资1.8亿元建设，占地260亩，美国梅里塔斯国际教育集团全权办学的乐盟国际学校（成都）顺利开学；争取国家汉办支持，特批20名城乡学校骨干教师纳入对外汉语教师资源库。高新区采取引进优质教育资源的办法，引进台湾地区大地幼儿园、新加坡阿波罗爱儿坊幼儿园等，在区内开办了连锁幼儿园；成华区通过内引外联发展战略，引进北大附小、北大附中等名优资源，成立北大附小英语特色学校和北大附中外语学校，引进美国加州阳光幼儿园入驻龙潭同乐社区，加盟标准化幼儿园。

案例5. 五年后成都教育国际化，大力兴办中外合作办学

6日，记者从成都市推进教育国际化工作会议获悉，成都市将大力推动教育交流国际化、干部教师队伍国际化、实施教育内容国际化、促进人才培养国际化，通过五年左右的努力，使成都教育率先在西部地区基本实现国际化，赶上东部沿海同类城市的水平，形成与成都经济社会发展水平相适应的“多层次、宽领域”的教育对外开放格局。

成都将大力兴办中外合作办学项目。吸引国际高质量的教育资源，引进国际先进的课程和教材，共建教育和科研机构。注重吸收转化，加强中外合作办学内涵建设，办好若干示范性中外教育合作项目。与国外知名教育机构合作，搭建网络交流平台，大力发展海外远程教育。支持中小学（幼儿园）、市属高校骨干教师和干部出国进修、合作研究。建立国外干部教师培训基地，鼓励本地校长赴海外交流任职，积极输送本地教师赴海外任教，提升干部教师的国际化意识与能力。聘请海外优秀专家学者和研究团队到成都市从事教学、科研活动，引进国际知名教育专家参与教育管理等工作，提高成都市具有国（境）外学历、学习和工作经历的教师比例。

同时，成都将引进国际先进的课程和教材，引进海外优秀高层次人才、学术团队。鼓励有条件的学校（幼儿园）开展双语教育实验，逐步完善双语教育实验课程体系。

——王迪. 五年后成都教育国际化，大力兴办中外合作办学［N］. 华西都市报，2010-07-08.

（五）创新教育管理体制机制

城乡教育发展的不平衡，根本原因在于体制机制障碍。我们抓住体制机制这个根本，大胆探索创新，为城乡教育均衡发展提供了良好的制度保障。

一是实施“校区校点”村小管理体制改革，切实提升农村教育水平。通过建设一批农村寄宿制小学或完全小学、与乡镇中心校合并、设立为乡镇中心校校区等方式，彻底消除原有的294所村小。保留的校区与中心校统一排课、统一教学进度和教学活动，办学情况纳入对各区（市）县考核评估范围，其师资由中心校重新调配，并分两年完成轮换、轮训；村小设立为独立建制小学的，力争用两年时间，完善学校教育技术装备配置，使学校达到《成都市义务教育阶段学校教育技术装备必备标准》的要求，保证三年内有50%以上教师交流轮换、培训提高和充实补充，学校校长由所属区（市）县的窗口小学派出，其考核评估纳入县域内小学的统一考评。

二是深化“城乡联动”的职业教育管理体制改革，深入推进职业教育面向市场。探索校企合作新模式，推动公办中等职业学校与企业合作办学；通过税收优惠、鼓励生产性实习等多种方式，在实训基地形成办学、生产一体的实体。组建9大专业职教集团，依托专业和资源优势，完成旅游、汽车、电子、服装等4个公共实训基地建设，形成人才培养的集团优势，加入9个集团职教的企业145家，其中产值上亿的企业达31家，并开展了多个项目培养和订单培养。集团实施“1+1+n”组建方式和“1+1+1”人才培养模式，建立起“以城带乡、城乡互动、城乡一体”的职业教育发展新机制，实现优质职业教育资源的城乡共享。改革公办中等职业教育投入方式，实现公办、民办等职业教育平等共同发展，2009年，在全国率先实行中等职业教育券制度，对具有本市户籍的中等职业学校一、二年级在校学生按每人每学年1 200元的标准发放中等职业教育券，全市享受中等职业教育券的学生共8.9万人。

三是建立“交流共享”的干部教师管理和使用机制，统筹人才资源的城乡合理流动。统筹建立干部教师流动机制，继续实施中小学校长定期交流轮换制度，每年从城区学校选派1%的教师到农村学校定期服务，建立起了干部教师流动的激励导向机制、经费保障机制、教师培训机制等长效机制；统筹实施“成都市特岗教师计划”，2010年招募特岗教师357名，4年来，全市特岗教师计划招募教师总数达到2 071名；统筹城乡干部教师的培训培养，为期一年的1 081名校长参与的“千名校长大练兵”活动圆满结束，启动169所灾后重建中小学校校长专题培训，选派45名城乡学校骨干校长到教育部中学校长培训中心参加“影子培训”，启动“十万教师大比武”活动，三年一轮的6 500名市级骨干教师培训顺利进行，成立200人的教师专业发展教师团队，启动建设80所教师发展基地学校建设工作，启动成都大学每年招收培养100名定向免费师范生工作，启动全市教师远程培训平台和网上学习精品资源库建设。

三、结论与建议

（一）政府能做些什么

1. 深化市域教育统筹理念

2009年底，成都市委、市政府正式确立了成都建设“世界现代田园城市”的全新定位。从城市要素看，“世界现代田园城市”是世界级的，是国际城市的高端形态，必须在国际政治、经济、文化、教育等方面具有重要影响力和控制力；是现代化的，是城市化的高级阶段，必须率先推进教育现代化，以教育现代化引领城市现代化；是超大型、田园式的，是现代都市、现代产业、现代生活“三位一体”协调发展，教育与经济、社会、人口、生态等城市要素相互促进、和谐发展。因此，未来成都统筹城乡教育发展的思路，应该与成都市的新定位、新目标紧密结合，在指导思想、运行机制、制度安排、政策设计等方面，努力体现“全域成都”的核心理念。

一是市域统筹城乡人才培育的观念。按照世界现代田园城市发展理念，市民是没有城乡差别的，社会公共服务由政府提供，全体市民人人都能共享。因此，成都教育转变传统偏向城市的人才培育模式，树立城乡互动的人才培育模式；转变城乡有别的市民教育，树立面向人人的教育；从城乡教育“千校一面”，转向城乡教育特色化；逐步搭建以继续教育为纽带的终身教育学习体系，促进城乡学习型社会的构建；打破现有职业教育与普通教育之间的交流壁垒，突破国民教育与非国民教育之间的人为划界，使城乡改革更凸显系统性。

二是市域统筹城乡教育管理体制。加强市级教育行政部门的统筹治理能力，应明确各级政府责任，坚持政事分开、办评分开，强化城乡学校的自主办学能力，祛除事实上存在的城乡各级各类学校行政化倾向；进一步落实“以县为主”的义务教育管理体制，继续推进城乡义务教育阶段学校在发展规划、教育经费、教师队伍、建设标准、教育质量、监测评估等六个方面做到一体化，并加强县（区）教育实施水平的监督检查；发挥市级政府在提供公益性学前教育，促进普通高中和中等职业学校合理分布、加快普及高中阶段教育、促进市域内职业教育协调发展和资源共享、完善以市级政府为主管理高等教育的体制、强化政府督学督政的作用，加大市级财政在非义务教育阶段教育投入的转移支付力度，推动城乡非义务教育的优质均衡发展。

三是组织实施好成都市中长期教育改革和发展规划纲要。成都中长期教育规划是统筹城乡教育一体化发展的纲领性文件。

首先，要坚持教育规划引领。必须充分发挥规划纲要的引领作用，用规划纲要引领思想认识，牢固树立教育优先、城乡统筹、区域协调、分类调控、特色突出和教育公共服务均等化的兴教办教理念；用规划纲要引领教育实践，全力推进育人为本、教育均衡、追求卓越、特色发展等规划理念深入学校、深入课堂、深入人心；用规划纲要引领教育改革，认真树立规划纲要中的改革思路及工作要点，建立分工负责的实施机制，任务分解责任落实到位，并把规划纲要作为管理和考核的依据。

其次，规划纲要中提出重点实施“十大工程”和“十项试点”，这是统筹推进城乡教育改革发展的重要抓手。同时，这些项目，着眼于促进教育公平，提高教育质量，增强可持续发展能力，在内容上涵盖了学前教育、义务教育、职业教育、普通高中、高等教育、终身教育等方面，涉及教育基础设施建设、教师队伍建设、教育信息化、实施素质教育等各个领域。要大力实施项目带动战略，把项目带动贯穿于城乡教育改革发展的全过程，推进各个方面各个环节的工作，用项目凝聚力量，用项目提升优势，用项目推动发展，用项目检验成效，把重大项目转化为成都教育的现实发展力，增强成都经济社会的综合竞争力和发展后劲。

最后，加强教育研究。实施“借脑”工程，通过项目招标、专项委托等方式，利用国际国内和在蓉研究机构的专业力量，开展专题理论及政策研究，指导我市教育战略实施；积极支持外来专业力量和成都教育工作者协作攻关，将先进的教育思想、教育理论成果应用到教育实践之中，提高教育战略实施效益和水平；动员广大一线教育工作者，在教育实践中展开行动研究，总结归纳区域、学校推进教育改革发展的好经验、好做法，并推广应用这些产生于本地、经教育实践检验的策略和方法。

2. 建立权责明确、保障有力的治理结构

总结成都统筹推进城乡教育一体化发展的宝贵经验，通过制定促进城乡教育一体化发展的地方性法规和规章，依法推进城乡教育一体化发展。

一是建立公共财政教育投入的刚性制度。强化对政府投入的刚性约束和制度性安排，确保教育投入明显高于财政增速，形成义务教育由政府全面保障，非义务教育以政府投入为主、受教育者合理分担、其他多种渠道筹措的经费保障格局；根据国家办学条件基本标准和教育教学基本需要，制定并逐步提高成都市域内各级学校学生人均经费基本标准和学生人均财政拨款基本标准；建立健全教育投入监测评估、行政问责、责任追究制度，并适时向社会公布教育投入监测情况。

二是建立刚性的约束力强的教育标准体系。建立健全学校布局与建设标准，优化学校布局，确保每一所学校在教学、生活、体育设施、劳动和实训场所以及仪器设备、图书资料等方面达到国家配备标准；建立各级学校教育质量标准，引导学校将工作重心转移到提高教育质量上来；建立教师队伍标准，合理配置教师资源，促进教师流动，引导教师专业发展；建立学校办学标准，引导学校办学行为的科学化、规范化；建立教育督导评估标准，通过科学督导评估体系，促进县域、学校现代教育改革。

三是建立促进教育公平的管理制度。首先，深化统筹城乡教育综合改革，建立以城带乡、整体推进、城乡一体、均衡协调的教育发展体制机制，完善统筹城乡教育“六个一体化”制度；统筹协调，优化资源配置，健全优质教育资源城乡共享制度。其次，完善全域成都教育均衡发展制度，深入推进统筹城乡教育综合改革试验区建设，加大体制改革和制度创新力度，逐步建立促进全域成都教育均衡发展的体制机制和政策法规制度。不断完善市域统筹的教育公共服务体系，推动公共教育资源向经济欠发达县（市）、乡村学校和城镇薄弱学校倾斜，逐步实现市域内教育基本公共服务均等化。

3. 统筹城乡教育师资建设

一是统筹市域教师交流制度。创新城乡教师“无县籍”流动机制与完善农村教师补充机制；市域统筹，在区（市）县设立区域性教学名师流动工作站，促进普通教师和名师交流互动；根据乡村教育需求，适当扩大乡村教师特设岗位计划，逐步实行城乡统一的中小学编制标准；对乡村边远地区实行倾斜政策，考虑设立城市优秀退休教师重回乡村学校从教与传教的机动编制；制定城乡教师特别是三圈层之间相互流动细化的成本补偿、绩效评估与政策激励措施。

二是统筹市域城乡教师培训制度。在市域范围内，通过教育培训券和培训积分互认的方式，促进教师培训的自主选择和质量提升，以此促进区（市）县培训机构强化自身的竞争力和质量更新速率；建立义务教育教师培训经费单列制度，各级财政预算项目经费用于教师培训的费用应逐年提高，并根据物价变化与教育发展，制定细化的有合理差异的人均培训标准；加强教师专业发展的日常指导，加强区域性教师帮扶制度建设；强化区（市）县师训机构与市内外师范院校的联系，鼓励城乡教师学历提升，建立常规学科培训基地，满足区域内教师动态培训要求。

三是统筹城乡教师待遇。继续落实“教师收入待遇不低于当地公务员平均工资”的要求，并建立教师待遇同步同幅度的调整机制；进一步规范与完善城乡教育教师绩效工资制度，建立长效机制；以区（市）县为单位，集中建设乡村边远地区学校教师周转宿舍，并制定教师住房优惠政策；进一步落实和完善教师医疗养老等社会保障政策，给予在乡村学校长期从教、贡献特别突出的教师特别奖励。

4. 加快教育国际化进程

城市的现代化、国际化发展，离不开人才的国际化。而高素质人才的培养和引进，需要与之相适应的国际化教育。教育国际化，对培养具有国际意识、国际交往能力、国际竞争能力的人才，对加强国际科研合作、提高科技竞争力，对提高教育水准、加快教育现代化，对促进国际经济合作和文化交流，都具有十分重要的意义。

一是推动教育交流国际化，加强与联合国教科文组织等国际组织的交流合作，加强中外合作办学的内涵建设，办好若干个示范性中外教育合作项目。鼓励有条件的学校和教育机构到国外设立“孔子课堂（学院）”或分校。鼓励各级各类学校（幼儿园）与国际友好城市学校（幼儿园）结成姊妹学校（幼儿园），共建教育和科研机构。鼓励学生参与国际交流活动，吸引境外学生来蓉修学旅行。与国外知名教育机构合作，搭建网络交流平台，大力发展海外远程教育。

二是推进干部教师队伍国际化，支持各级各类学校（幼儿园）教师和干部出国进修、开展合作研究，聘请海外优秀专家学者和研究团队到我市从事教学、科研活动，引进国际知名教育专家参与教育管理等工作，提高我市具有国（境）外学历及学习、工作经历的教师的比例。

三是课程体系中引入国际课程。引进国际先进的课程和教材，促进基础课程和校本课程建设整体优化。鼓励有条件的学校（幼儿园）开展双语教育实验，逐步完善双语教育实验课程体系。

四是促进人才培养国际化，借鉴国外先进的教学方法、教学理念，培养具有国际意识、能够跨文化沟通和竞争的人才。实施成都职业教育“走出去”战略，加强与国内外职业院校、培训机构和教育中介机构的教学合作与产学合作。开展国际职业技能等级鉴定，加强重大产业紧缺人才以及新兴产业、高端产业与产业高端急需人才的培养，逐步实现职业培训体系国际化。

五是打造教育国际化窗口学校，科学规划国际学校及学校附设国际部，提升国际学校办学规模和质量。

（二）其他办学主体：扩大优质教育资源

一是大力发展公益性学前教育。加大学前教育投入，大力发展公益性幼儿园，引导和支持民办幼儿园提供面向大众的普惠性服务。二是拓展优质中小学覆盖面。继续通过名校集团发展、城乡学校捆绑式发展等多种方式，扩大优质公办教育资源，强力提升薄弱学校，让每个家庭的孩子都能读上书、读好书；以举办高水平优质民办普通中小学为导向，大力引导和扶持民办中小学发展，让民办学校和公办学校一起，既承担了为人民群众提供公平均衡基础教育服务的基本责任，又在一定程度上满足了人民群众多元教育服务的需求。三是引进优质职业教育资源。探索建立中职、高职、应用型本科、专业硕士教育贯通衔接的现代职业技术教育体系，着力培养高层次应用型技能人才。通过知名职业院校集团办学等方式，扩大成都知名职业院校规模，扩大优质职业教育资源；吸引境外知名职业院校、职业教育和科研机构，特别是世界500强企业职业培训机构，合作设立职业教育教学、实训、研究机构或项目；鼓励职业院校开展多种形式的国际合作与交流，办好国家级、省级示范院校；吸引世界知名的职教专家、高级技工来华从事教学、科研和管理工作，引进国外优质职业教学资源，提升成都职业教育的整体质量和水平。四是广泛开展高等教育领域的合作办学。借鉴国内发达地区扩大高等教育资源的经验，积极创造条件，争取国家和省支持，支持国内外高等院校来蓉开展多种类型、多种形式的合作办学，引进境外知名大学与成都高校合作，建设特色学院，满足市民群众接受高等教育的需求；有计划地引进海外高端人才和学术团队，引进境外优秀教材，提高高等学校聘任外籍教师的比例，吸引海外优秀留学人员回国服务，提高高等院校的特色和水平。

（三）第三方参与：提高公共教育治理水平

切实转变政府教育管理职能，从大包大揽的单向度管理转向政府、第三方机构与社区、家长等多元主体的共同治理，共同提高公共教育质量水平。一是积极培育和发展教育中介机构。建立教育中介机构准入标准和审批制度，出台扶持性政策，促进研究咨询型、认证评价型和人才服务型中介机构的发展，为教育中介机构健康成长提供必要的条件。二是建立第三方机构，独立、公开、公正地接受政府、学校委托的机制，并逐步将教育咨询、教育质量监测评估、教育评价（鉴定）认证、教育培训等专业性事务委托给第三方机构，充分利用第三方机构为政府、学校提供高质量的教育服务。三是让社区人员、家长参与学校管理，通过组建学校家长委员会，健全家长参与学校管理、教育的体制机制，如民主协商机制、监督检查机制、信息共享机制、沟通协调机制等，不断提高学校办学质量和水平。

（供稿：成都教育发展年度报告项目组
执笔：贾贵洲 等）

第二篇

专题报告

学前教育：2010年完善政策
编制幼儿园办园水平评价标准

从20世纪90年代开始，对幼儿园进行办园水平评价是各省市教育行政部门对幼儿园进行业务管理的重要手段，很多省市相继制定或修订了幼儿园办园水平评价标准。成都市在促进义务教育均衡发展和普及高中阶段教育之后，为不断满足适龄幼儿入园需求，2010年12月23日出台了《成都市人民政府关于促进学前教育发展的意见》（成府发〔2010〕47号）（以下简称《意见》）。《意见》中明确提出，要“修改完善幼儿园的质量评价标准”。从2011年1月至6月，由成都市教育局学前教育处牵头，成都市教育科学研究院理论室承担，成立编制组，修订和完善原有的成都市幼儿园等级评价标准。编制组由教科研培训机构、部分幼儿园代表及专家共同构成。在此过程中，引发了新一轮关于幼儿园办园水平评价标准的讨论。如何科学合理地制定幼儿园办园水平标准，如何对幼儿园质量作出更为科学和客观的判断，这些问题都需要在编制幼儿园办园水平标准的过程中进行深入的思考和探索。

一、编制标准的宗旨

评价标准的制定旨在完善成都市幼儿园质量评价标准，进一步规范幼儿园等级评定的申报和评估工作，提高评审效率和质量。依据评价标准加强等级评定的管理和指导，提升幼儿园办园水平，不断扩大优质学前教育资源的比例和覆盖面，推动全市学前教育科学持续发展。

二、编制标准的依据

评价标准的制定应立足当下并着眼未来，在尊重全市幼儿园发展历史和现状的基础上，依据相关法律法规文件制定。

一方面，在前期调查研究的基础上制定。2010年，由成都市人民政府牵头，14个政府职能部门组成了“成都市学前教育改革与发展研究”课题组。在数据统计、调查访谈和文献综述的基础上，形成了《国内外学前教育改革与发展情况汇编》、《成都市学前教育基本状况统计数据汇编》和《成都市学前教育改革与发展报告》三个文本，为制定《意见》等政策提供参考依据。因此，贯彻落实《意见》精神，修订和完善标准使之更加符合幼儿园现状。在目前和今后一段时间，改变现行评定方式下部分民办幼儿园缺乏积极性的弊端，将所有幼儿园纳入其中，对于提升城区幼儿园优质化发展起到推进性作用。

另一方面，依据相关的法律法规文件制定。包括《中华人民共和国民办教育促进法》、《幼儿园管理条例》、《幼儿园工作规程》、《幼儿园教育指导纲要（试行）》、《托儿所幼儿园卫生保健管理办法》、《城市幼儿园建筑面积定额》、《托儿所、幼儿园建筑设计规范》、《四川省幼儿园办园基本要求（试行）》、《成都市幼儿园安全管理工作基本标准（试行）》、《成都市中小学（幼儿园）教师职业道德行为准则（试行）》、《成都市城区幼儿园办园基本要求（试行）》等相关法规及文件。

三、编制标准的亮点

（一）注重因地制宜

评价标准应在统一的基础上因地制宜地制定。目前，全市各级各类幼儿园办园水平评价使用的是统一的标准，包括《成都市幼儿园分等定级标准（试行）》（1994年）、《成都市一级幼儿园评估细则》（2005年）。等级分为一、二、三级，其中一级包括一级一等和一级二等。而成都市辖20个区（市）县，自然状况与社会文化经济发展水平有一定差异，需要因地制宜，制定区域性的标准。因此，全市主城区（五城区和高新区）制定一套评价标准，其他区（市）县教育行政部门以城区标准为参照，结合本地实际，制定本区域评价标准，并报市教育行政部门备案。

总的来说，不管主城区还是其他区（市）县制定的评价标准，都应始终体现当前学前教育的主流价值观，以消除小学化、市场化、贵族化等产生的不良影响。但对办园条件、安全卫生保健、教育教学等应进行明确规定与限制，以消除小学化倾向及商业化做法。评价标准应围绕教师、设施、课程、儿童四个教育基本要素，建构能真实反映幼儿园办园水平的指标体系，并综合考虑各指标的权重。要特别强调园舍为师幼服务、设施设备为保育教育服务的理念，有关“办园条件”的指标所占分量应恰当，以避免幼儿园之间在物质环境创设上的攀比之风。

（二）统一标准尺度

目前，四川省和成都市有不同的幼儿园办园水平评价标准。成都市出于管理的需要，制定不同区域的标准，作为引导幼儿园发展的手段。全市标准的制定以省级标准为基础，先制定了《成都市城区幼儿园办园基本要求（试行）》及区（市）县标准，然后制定了《成都市城区幼儿园办园水平评价标准（试行）》及区（市）县标准。幼儿园被评定为一级园后，才能按相关要求申报成都市示范性幼儿园、四川省示范性幼儿园。根据相对统一的指标体系进行评价，就容易比较和判断其间的差异和差距。一方面有利于分级管理，另一方面又有利于横向比较，从而促进不同水平幼儿园的长远发展。

《成都市城区幼儿园办园水平评价标准（试行）》及区（市）县标准面向全市各级各类幼儿园，民办园也被全面纳入评价范围。这样，实现了全市幼儿园办园水平评价标准的统一，对促进市、县两级教育行政部门管理的规范化具有重要意义。而且，这种统一标准的评价方向明确，目标清晰，根据实际得分确定相应等级，评价者和被评价者极易把握。

（三）凸显导向作用

《国务院关于当前发展学前教育的若干意见》（国发〔2010〕41号）第八条明确提出："坚持科学保教，促进幼儿身心健康发展。"因此，建立幼儿园保教质量评估监管体系迫在眉睫。在多元化的发展背景下，学前教育由于属于非义务教育，日益受到市场化趋势的推动，出现了一些问题，如规模大、课程乱、商业化等。鉴于幼儿园办园水平评价标准具有引领幼儿园办园方向和约束幼儿园办园行为的重要作用，评价者需秉持核心的价值理念，通过科学、统一、合理的评价标准对幼儿园办园理念和行为加以引导和规范。以下是一些具体评价指标：

在办园条件中，考虑到办园规模的超大极易带来安全隐患，因此明确规定："幼儿园规模适宜，一个园区幼儿数不超过500名；严格控制班级学额，小班25人，中班30人，大班35人。原则上每班不得超额5人"，并"通过新生报到册、财务收费名单、班级考勤表、班级幼儿当天人员等进行考核"。另外，在保育教育设施设备方面，考虑了室内和室外的配备，从适宜性、安全性方面进行斟酌，为幼儿身心发展提供必要的物质性支持。

在园务管理中，围绕队伍建设，重视教师继续教育和专业发展工作，明确提出："建立以园本为主的业务学习制度和教师培训制度；有切实可行的近期和中长期师资培训和教师专业发展计划；幼儿园积极为教师培训创造条件，教师培训经费落实；新任教师岗前培训时间不少于120学时，在职教师岗位培训每五年累计培训时间不少于360学时，每年不少于72学时。"

在教育教学工作方面，针对小学化倾向，明确提出："科学合理地安排和组织幼儿一日生活，使幼儿愉快、充实、自主、有序地在园参与活动，能保证各种教育活动正常进行"；"以游戏为基本活动"；"不得进行违背幼儿教育规律，有损幼儿身心健康的实验和活动"；"建立较为科学合理的幼儿发展评估体系"等。另外，围绕教育教学研究，要求幼儿园"以科研课题方式开展研究工作，能有效解决实践中的问题"。

在安全卫生保健方面，明确了安全工作和卫生保健工作的具体指标和比重。

在办园效益方面，从家庭和社区、示范辐射两方面作出了明确的要求。

四、编制标准的具体说明

评价标准的关键是如何确定评价指标。以《成都市城区幼儿园办园水平标准（试行）》为例，其适用于成都市五城区和高新区（以下简称“城区”）所有登记注册的幼儿园。在幼儿园自评的基础上，考核评估工作按评价标准的内容分为办园条件、园务管理、安全卫生保健、教育教学、办园效益五个板块进行，并填写“成都市城区幼儿园办园水平评价表”，由具体得分确定等级。

城区评价标准共有A级指标6项，B级指标17项，C级指标98项，其中有21项标有“★”的C级指标为一级幼儿园的“必达指标”，如有任何一条必达指标考评分未达到该指标分值的85%，则整个等级评估不予通过。实行记分制，总分为220分，其中办园条件80分，园务管理30分，安全卫生保健40分，教育教学50分，家长和社区10分，示范辐射10分。

办园水平由高至低分为三级，分别为“一级”、“二级”和“三级”。一级幼儿园：各项指标累计176~220分；21项必达指标考评分均达到该指标分值的85%；6项A级指标得分均达到该指标总分值的80%。二级幼儿园：各项指标累计156~175分。三级幼儿园：达到《成都市城区幼儿园办园基本要求（试行）》，各项指标累计得分低于156分。指标计分法拉开了办园水平的差距，又关注了“必达指标”的重要程度，有助于提高评价的信效度。

从我国目前各省市对幼儿园办园水平评价标准的编制和执行情况来看，对各指标体系的重要性认识存在较大差异性。有研究表明：从“办学条件和设施”的指标占整个指标体系的比例看，福建占12%，陕西占40%；从“保育与教育”看，陕西占15%，而受调查的其他省份则平均为41%。事实上，在编制评价标准指标权重时，编制者是有一定价值取向和倾向的。幼儿园保教质量评估监管体系的建立是一项长期而艰巨的任务，是一种专业性、技术性很强的实践活动，其编制和执行需要专门机构和专业人员的保障，才能体现其科学性和严肃性，才具有信度和效度。而办园水平的评价应定位于幼儿园的发展商，这种管理手段才是具有建设性的，才有可能促进幼儿园办园水平不断提升。

（供稿：成都市教育科学研究院　刘敏）

义务教育：2010 年信息化建设进展与差距

《国家中长期教育改革和发展规划纲要》指出，信息技术对教育发展具有革命性影响，必须予以高度重视。要建成覆盖城乡各级各类学校的数字化教育服务体系，促进教育内容、教学手段和方法的现代化。2009 年 2 月 26 日成都市教育局印发了《成都市教育信息化发展规划（2009—2011 年）（试行）》（成教计［2009］12 号，以下简称《规划》）。现将《规划》印发后一年来，义务教育阶段学校信息化建设的任务完成情况报告如下。

一、小学教育信息化建设情况

成都市小学生机比、师机比、多媒体班级比、校园网建成率均值分别为 16.67：1、2.04：1、3.23：1、59%，除生机比外，其余 3 项指标均达到《规划》要求，全市小学三至六年级开设信息技术课率为 98.11%，如表 1 所示。

成都市小学生机比达到《规划》要求的区（市）县数为 5 个，占 25%；师机比达到《规划》要求的区（市）县数为 15 个，占 75%；多媒体班级比达到《规划》要求的区（市）县数为 10 个，占 50%；校园网建成率达到《规划》要求的区（市）县数为 14 个，占 70%。

成都市小学教育信息化建设城乡差异情况（中心城区不进行城乡差异比较）：生机比、师机比、多媒体班级比、校园网建成率、小学三至六年级开设信息技术课率这 5 项指标中，农村小学优于或等于城市小学的区（市）县数分别为 8 个、9 个、6 个、1 个、12 个，分别占 57%、64%、43%、7%、86%。多媒体班级比尤其是校园网建成率，农村小学显著弱于城市小学。

二、初中教育信息化建设情况

成都市初中生机比、师机比、多媒体班级比、校园网建成率均值分别为 14.29：1、1.96：1、2：1、60.00%，除生机比外，其余 3 项指标均达到《规划》要求，全市初中

表1　　成都市小学教育信息化建设情况

项目 地区	生机比	师机比	多媒体班级比	校园网建成率	小学三至六年级开设信息技术课率
高新区	12.5∶1	1.28∶1	3.13∶1	100.00%	100.00%
锦江区	10∶1	1.05∶1	1.09∶1	96.00%	96.43%
青羊区	11.11∶1	1.16∶1	1.75∶1	97.00%	100.00%
金牛区	14.29∶1	1.12∶1	5.56∶1	100.00%	95.35%
武侯区	10∶1	1.09∶1	1.2∶1	100.00%	100.00%
成华区	11.11∶1	2.33∶1	4∶1	90.00%	95.24%
龙泉驿区	20∶1	2.04∶1	3.03∶1	0.00%	93.75%
青白江区	20∶1	2.27∶1	5.88∶1	60.00%	100.00%
新都区	25∶1	4.35∶1	14.29∶1	75.00%	95.83%
温江区	12.5∶1	4.35∶1	2.56∶1	29.00%	100.00%
金堂县	33.33∶1	7.14∶1	20∶1	10.00%	97.96%
双流县	20∶1	2.86∶1	6.25∶1	68.00%	100.00%
郫县	16.67∶1	2.5∶1	7.14∶1	87.00%	100.00%
大邑县	20∶1	6.67∶1	25∶1	7.00%	100.00%
蒲江县	14.29∶1	2.17∶1	5.56∶1	50.00%	100.00%
新津县	14.29∶1	2.7∶1	1.75∶1	56.00%	100.00%
都江堰市	11.11∶1	2.13∶1	3.03∶1	68.00%	100.00%
彭州市	20∶1	2.7∶1	2.27∶1	95.00%	100.00%
邛崃市	25∶1	5.88∶1	11.11∶1	12.00%	100.00%
崇州市	16.67∶1	2.56∶1	5∶1	0.00%	96.88%
成都市	16.67∶1	2.04∶1	3.23∶1	59.00%	98.11%
未达到《规划》要求区县数	15	5	10	6	—
占百分比	75%	25%	50%	30%	—
农村优于或等于城市数	8	9	6	1	12
占百分比	57%	64%	43%	7%	86%

说明：

1. 数据统计时间为2009年12月31日截止。

2. 高新区、锦江区、青羊区、金牛区、武侯区、成华区只有城市组，不进行城乡差异比较。

一至三年级开设信息技术课率为 82.68%。如表 2 所示。

表 2　　成都市初中教育信息化建设情况

地区 \ 项目	生机比	师机比	多媒体班级比	校园网建成率	初中一至三年级开设信息技术课率
高新区	12.5∶1	1.59∶1	1.69∶1	100.00%	0.00%
锦江区	10∶1	1.27∶1	1.02∶1	100.00%	50.00%
青羊区	12.5∶1	0.97∶1	0.98∶1	100.00%	100.00%
金牛区	10∶1	1.04∶1	0.79∶1	92.00%	46.15%
武侯区	10∶1	1.32∶1	0.94∶1	100.00%	100.00%
成华区	11.11∶1	2.22∶1	1.47∶1	100.00%	50.00%
龙泉驿区	16.67∶1	1.96∶1	3.03∶1	0.00%	93.33%
青白江区	12.5∶1	1.89∶1	4.17∶1	71.00%	100.00%
新都区	20∶1	3.45∶1	5.56∶1	57.00%	95.24%
温江区	10∶1	0.81∶1	0.74∶1	33.00%	100.00%
金堂县	25∶1	6.25∶1	14.29∶1	12.00%	94.12%
双流县	16.67∶1	2.7∶1	5∶1	67.00%	69.70%
郫县	14.29∶1	2.08∶1	3.33∶1	100.00%	100.00%
大邑县	25∶1	6.25∶1	25∶1	25.00%	100.00%
蒲江县	16.67∶1	4.55∶1	12.5∶1	100.00%	100.00%
新津县	16.67∶1	3.03∶1	1.67∶1	38.00%	87.50%
都江堰市	8.33∶1	1.82∶1	1.79∶1	56.00%	100.00%
彭州市	14.29∶1	2.7∶1	1.67∶1	87.00%	93.33%
邛崃市	25∶1	5.56∶1	12.5∶1	25.00%	100.00%
崇州市	20∶1	3.7∶1	6.67∶1	25.00%	58.33%
成都市	14.29∶1	1.96∶1	2∶1	60.00%	82.68%
未达到《规划》要求区县数	14	7	8	7	—
占百分比	70%	35%	40%	35%	—
农村优于或等于城市数	6	5	8	6	8
占百分比	43%	36%	57%	43%	57%

说明：

1. 数据统计时间为 2009 年 12 月 31 日截止。

2. 高新区、锦江区、青羊区、金牛区、武侯区、成华区只有城市组，不进行城乡差异比较。

成都市初中生机比达到《规划》要求的区（市）县数为6个，仅占30%；师机比达到《规划》要求的区（市）县数为13个，占65%；多媒体班级比达到《规划》要求的区（市）县数为12个，占60%；校园网建成率达到《规划》要求的区（市）县数为13个，占65%。

成都市初中教育信息化建设城乡差异情况（中心城区不进行城乡差异比较）：生机比、师机比、多媒体班级比、校园网建成率、初中一至三年级开设信息技术课率这5项指标中，农村初中优于或等于城市初中的区（市）县数分别为6个、5个、8个、6个、8个，分别占43%、36%、57%、43%、57%。全市总体上农村初中教育信息化建设普遍弱于城市初中。

三、九义校教育信息化建设情况

成都市19个区（市）县（金牛区无九义校）的九义校，其生机比、师机比、多媒体班级比、校园网建成率的均值分别为16.67∶1、3.13∶1、4.17∶1、41.00%，所有指标均未达到《规划》要求，全市小学三至六年级和初中一至三年级开设信息技术课率为88.32%。如表3所示。

表3　成都市九义校教育信息化建设情况

项目 地区	生机比	师机比	多媒体班级比	校园网建成率	小学三至六年级和初中一至三年级开设信息技术课率
高新区	16.67∶1	2.44∶1	2.86∶1	100.00%	60.00%
锦江区	6.25∶1	1.43∶1	0.69∶1	100.00%	0.00%
青羊区	11.11∶1	0.83∶1	1.43∶1	100.00%	100.00%
金牛区	—	—	—	—	—
武侯区	10∶1	0.87∶1	2.13∶1	100.00%	100.00%
成华区	16.67∶1	2.63∶1	7.69∶1	50.00%	83.33%
龙泉驿区	50∶1	5.26∶1	10∶1	0.00%	0.00%
青白江区	25∶1	3.13∶1	25∶1	80.00%	100.00%
新都区	16.67∶1	2.86∶1	14.29∶1	25.00%	100.00%
金堂县	33.33∶1	8.33∶1	25∶1	0.00%	85.71%
蒲江县	16.67∶1	3.7∶1	11.11∶1	29.00%	85.71%
新津县	11.11∶1	3.13∶1	1.22∶1	100.00%	100.00%
彭州市	14.29∶1	2.94∶1	2.94∶1	85.00%	92.31%
温江区	12.5∶1	2.78∶1	2.22∶1	20.00%	100.00%
双流县	20∶1	3.03∶1	3.7∶1	67.00%	66.67%

表3(续)

项 目 地 区	生机比	师机比	多媒体班级比	校园网建成率	小学三至六年级和初中一至三年级开设信息技术课率
郫县	16.67∶1	3.03∶1	4.76∶1	47.00%	93.33%
大邑县	25∶1	6.67∶1	20∶1	0.00%	100.00%
都江堰市	12.5∶1	2.33∶1	1.92∶1	80.00%	80.00%
邛崃市	25∶1	6.67∶1	14.29∶1	7.00%	86.67%
崇州市	20∶1	2.86∶1	5∶1	0.00%	83.33%
成都市	16.67∶1	3.13∶1	4.17∶1	41.00%	88.32%
未达到《规划》要求区县数	15	10	10	9	—
占百分比	79%	53%	53%	47%	—
农村优于或等于城市数	3	3	2	2	4
占百分比	43%	43%	29%	29%	57%

说明：

1. 数据统计时间为2009年12月31日截止。

2. 金牛区无九义校，高新区、锦江区、青羊区、武侯区、成华区只有城市组，龙泉驿区、青白江区、新都区、金堂县、蒲江县、新津县、彭州市只有农村组，均不进行城乡差异比较。

在19个区（市）县中，九义校生机比达到《规划》要求的区（市）县数为4个，仅占21%；师机比达到《规划》要求的区（市）县数为9个，占47%；多媒体班级比达到《规划》要求的区（市）县数为9个，占47%；校园网建成率达到《规划》要求的区（市）县数为10个，占53%。

成都市城乡都有九义校的区（市）县共7个，在其生机比、师机比、多媒体班级比、校园网建成率、小学三至六年级和初中一至三年级开设信息技术课率这5项指标上，农村初中优于或等于城市初中的区（市）县数分别为3个、3个、2个、2个、4个，分别占43%、43%、29%、29%、57%。由此可见农村九义校教育信息化建设普遍弱于城市九义校。

四、结论与建议

成都市义务教育阶段学校教育信息化建设取得了阶段性重大成果，对照《成都市教育信息化发展规划（2009—2011年）（试行）》确定的目标，截至2009年12月31日，时间过去三分之一，任务完成三分之二以上。在取得积极进展的同时，差距和不足也明显存在。如多媒体班级比、校园网建成率，农村小学显著弱于城市小学。而初中、九年一贯制学校，在教育信息化建设的各项指标上，农村学校普遍弱于城市学校。义务教育是政府提供和保障的基本公共服务，基本公共服务必须坚持均等化的原则。因此建议，一是积极加大农村学校教育信息化建设力度，二是进一步修订《成都市教育信息化发展规划》，使之具有前瞻性和发展性，符合教育现代化的要求，以更好地推动教育信息化建设。

（供稿：成都市教育科学研究院　张惠）

高中教育：2010年稳步推进高中课改促进学校多样化发展

高中课程改革是顺应国际潮流的必然选择。近年来，一些发达国家，无论是反思本国教育的弊端，还是对教育发展提出新的目标和要求，都从基础教育课程改革入手。通过改革基础教育课程，调整人才培养目标，改变人才培养模式，提高人才培养质量。通过课程改革，使素质教育的思想真正落实到教育的实践中，为学生的全面发展和终身发展奠定基础，从而培养出数以亿计的高素质的劳动者和数以千万计、具有创新精神和实践能力、高素质的人才。成都市虽然从2010年才正式启动普通高中课程改革，但是由于领导重视、准备充分、组织有力，又借鉴了先行者的经验，使我市高中课程改革工作在稳步推进中初见成效。

一、稳步推进：让课改成为高中教育发展新契机

（一）目标明确，组织完善，全市统筹推进

1. 明确课改目标，健全组织机构

高中课改得到了市委、市政府的高度重视，明确提出成都市普通高中课程改革的工作目标是：按照基础教育发展目标和教育部提出的本次课程改革目标要求，结合我市教育实际，注重培养学生的综合素质和现代意识，使学生在知识与技能、过程与方法、情感态度与价值观等方面达到国家《基础教育课程改革纲要（试行）》的基本要求，在实施过程中重点培养学生的创新精神和实践能力，促进学生全面发展，为他们的终身发展奠定素质基础。

为此，成立了以市政府分管教育副市长为组长的成都市普通高中课程改革工作领导小组。领导小组办公室设在市教育局，由市教育局分管普通高中的副局长兼任办公室主任；成立了成都市教育局普通高中课改工作办公室。在领导小组有力领导和统筹协调下，成都市教育局普通高中课改工作办公室高质量地起草了课改方案及相关文件，安排了课改的具体实施，组织和管理干部、教师培训及日常工作，贯彻执行课程改革工作领导小组决议，落实其工作部署等；学校成立课改领导小组，落实了学校普通高中课程改革方案，落实了学校相应的领导机构和专家支持力量。

2. 科学研制文件，引导课改实施

成都市以四川省课改文件精神为核心，借鉴课改先行地区的经验，结合我市实际，在向全市广泛征求意见的基础上，出台了《成都市教育局、成都市财政局、成都市人事局、成都市机构编制委员会办公室关于成都市普通高中课程改革工作意见》、《成都市普通高中课程改革实施方案（试行）》、《成都市普通高中课程设置指导意见（试行）》、《2010－2015年成都市普通高中课程改革教师培训方案》、《学科指导意见》、《成都市学生选课指导意见》、《学分管理办法》、《综合素质评价指导意见》等共计26个重要文件。文件有力地贯彻了上级精神，明确了工作目标和工作任务，体现了“统筹规划、积极推进、稳步实施、分类指导”的工作原则，较好地引导着我市普通高中课程改革的实施。

3. 经费保障有力，确保课改推进

2010年成都市市本级投入课改专项经费3 000万元。其中技术装备仪器设施2 096万元，培训费380.92万元，组织实施经费195万元，科研经费85.6万元，其余资金用于补助学校启动并开展课改工作。设备购置、培训、组织实施、校本教研、科研等各项工作已陆续展开。成都市市本级投入还拉动了各区（市）县和直属学校对普通高中课改资金的投入（大约9 160万元）。确保了各级课程改革专项经费的需要，保障了我市课改工作的顺利推进。

（二）培训分类分级，注重务实高效

成都市普通高中的教师培训，坚持“先培训、后上岗，不培训、不上岗”的原则，根据课改实施进程，围绕普通高中课程改革重点、热点、难点问题，分层级、分类别、分学科、多渠道开展培训工作。培训方式包括专题讲座、实例分析、现场观摩、互动研讨、自主学习、参与式培训、合作交流及校本研修等形式，做到课改培训务实、有序、高效。

1. 组织干部培训，提升课程改革领导力

成都市专门组织了分管教育工作的副区（市、县）长、教育局局长、副局长、中学教育科长、教研室主任普通高中课程改革通识性培训，并多次组织普通高（完）中校长、分管教学副校长、教务主任、教研室主任进行专题式、经验交流式及现场报告互动式等课改培训，不断提高他们的课程改革领导力。

2. 开展教师培训，增强课程改革执行力

教师培训是新课改的关键因素，我市高度重视各级各类培训，从全市层面进行专业引领，加强培训与课改实践的结合，形成教学、教研和科研三位一体的培训支持网络，通过培训促教师专业发展，缩小课程从文本到落实的落差，为一线教师实施课改提供有力支持，逐步增强其课程执行力。

我市认真组织将进入高中课程改革的各学科教师保质保量地参与国家级、省级培训外，还实施了市高中教师的全员培训，参与本次培训的教师达6 904人，呈现出“参培人员多，覆盖面广”、“培训凸显实践需求”、“培训内容多，水平高”等特点。随后由成都市教科院牵头进行了系列跟进培训，以理解课标、把握教材为目的的现场互动培训：2010年8月23日～28日，对全市在2010年秋季上岗的13个学科高一教师进行现场互动培训，共计6 240人参加了本次培训；系列超前的逐章逐节的集体备课和教材教法研究式跟进培训：为帮助教师面对新教材，处理好教材，将先进的教学理念转化为具体的教学行为，切实地提高课堂教学的有效性，充分而全面地实现课程目标，仅2010-2011年度年上期就开展新课程学科跟进培训56次（详见表1）；以讲课为载体，开展教学研讨，变教师、教研员被动的培训为主动的探索研讨式培训：在2010年10月～11月进行了分南北片区的教学观摩研讨式研培活动，其目的在于直接聚焦课堂，研究课堂，引领教师思考教学行为，反思教学行为，转变教学理念，探讨有效的教学策略。

表1 2010—2011年度上期开展学科新课程跟进培训

学科	语文	数学	英语	物理	化学	生物	政治	历史	地理	音乐	体育	美术	信息
次数	5	4	6	2	5	4	4	3	3	5	5	5	5

除市级培训外，各学校还开展了形式多样、扎实有效的校本培训。

3. 外出培训，学习课改先行地区经验

从2010年3月开始，市教育局、各区（市）县分别组织行政干部、教研员、校长等相关人员到课改先行地区如北京、上海、广东、宁夏银川、江苏南京、湖北武汉、浙江等地学习考察；2010年9月～10月，成都市普通高中课程改革工作办公室组织了两批省市级骨干教师（共32人）前往宁夏、内蒙古、江苏、湖北参加省级、国家级培训及调研考察活动，学习借鉴先进经验，带回丰富的课改相关资料，为改革工作提供了可资借鉴的经验和良方。

（三）开展校本教研，加强课改科研

校本教研制度建设是深入推进新课程改革的重要保障。为了更好地推进校本教研，采用了及时指导、典型引路和区域辐射工作思路：首先经过科学严格的程序在全市确定了29所学校为成都市普通高中课程改革"校本教研引领学校"；然后建立专业引领团队，对全市尤其是校本教研引领学校在实践探索中的问题及时给予指导；要求校本教研引领学校根据各自的实际和特色，从不同侧面、不同角度研究、探索以校为本教研工作的有效形式和策略。提出校本教研除搞好学科教研外，还应关注教师的参与状态、学生的学习状态、师生合力的形成等。在校本教研中要勇于实践、探索、创新，在解决自身实际问题的实践过程中积累经验、创新创造、不断发展。要善于提炼、总结实践探索中的经验和成果，并使之得到有效的应用和推广等，使校本教研真正成为促进教师专业成长，创造性实施新课程的有力抓手。

开展专项课题研究，解决热点难点问题。新课程建立了由学习领域、科目、模块三个层次组成的课程结构。不再单纯以学科为中心组织教学内容，不再刻意追求学科体系的严密性、完整性、逻辑性，而是结合社会和学科发展的实际，精选学生终身发展必备的知识，既体现时代性，又反映基础性，还强调选择性，以满足不同学生发展的需要。此外，在课程设置、实施、评价、管理、资源开发等方面也提出了更高的要求，因此需要开展全面系统的教育科学研究，加强教育科学研究与实验，引领课改深入有效展开。我们充分利用各类教学科研机构，整合专业教研部门、学校教研部门和一线教师的力量，立足教学实践，围绕课改热点难点问题，紧紧抓住课堂教学，积极开展教育科学研究。首先，由市教育局承担的《成都市普通高中课程改革通用技术课程资源整合研究》，由普教二处、市教科院、市普通高中课改工作办公室共同承担的《成都市基础教育（普通高中）学科教学质量监测评估体系构建的理论与实践研究》，由市教科院承担的《成都市普通高中综合实践活动课程有效实施方式研究》三个市级重点课题申报省级重点资助项目课题获得成功，并进入实质性研究阶段。另外，2010年成都市教育局还确立了26项市级高中课程改革专项课题，共有20多所省市级样本校、校本教研引领学校以及一般的普通高中学校承担了普通高中课程改革专项课题，通过课题研究解决学校教育教学日常工作中的热点难点问题，引领全市普通高中学校大兴研究之风，使高中课改得到更科学有效的推进。

（四）营造舆论氛围，形成实施合力

普通高中课程改革涉及面广、影响大、社会关注程度高，与人民群众的切身利益息息相关。因此从课改筹备开始，我们就通过电视媒体、网络媒体、报刊（《成都日报》、《华西都市报》、《成都商报》等）上开设专栏及时宣传课改动向和课改情况，让各级领导和全市人民都支持和理解高中课改。通过省级内刊《成都教育》杂志、《课改资料汇编》向全市教育系统宣传课改，进行课改理论指导、操作指导和经验提升。截至目前，《成都教育》杂志共编辑了6期；《课改资料汇编》共编辑了6期，共计100多万字。学校利用家长会、宣传栏等形式，对家长、学生、社区进行宣传，并虚心听取家长和社区对课改实验工作的意见和建议，争取社区和家长的积极配合。同时充分利用和挖掘课程改革所需要的社区课程资源，积极探索建立学校、家庭、社区有效参与高中课程改革的网络体系。努力营造领导重视、群众理解、社会支持课改的良好环境氛围。

二、初见成效：学校多样化发展，学生个性化成长

（一）学校管理制度基本配套，新课程体系初步形成

国家课程、地方课程和校本课程作为学校课程的有机整体，重视其开设与开发建设，是我们推进课改的职责和需要，也是学校坚持“全面＋特色”办学方向的有效途径和必要环节。

调研显示，我市普通高中学校都按照市教育局印发的《成都市普通高中课程设置指导意见（试行）》的要求开齐了国家课程，我市课程体系已在学校得到基本落实。调研情况反映出，全市115所普通高（完）中100％建立了普通高中课程改革领导小组，

100%成立了学分认定委员会，有86%的学校建立了学校选课中心，100%的学校都成立了学校综合实践活动课程领导小组，从机构上保障了课程的落实。全市115所普通高(完)中93%的学校(107所)制定出了学校学分认定的实施细则；并根据《成都市普通高中学生选课指导意见（试行）》，结合学校实际制定了科学的选课指导制度，其中，制定了《选课指导手册》的学校有85所，占74%，97%的学校(112所)已经做好或正在实施学生的选课工作；有96%的学校制定了综合实践活动细则，78%的学校进行了三年综合实践活动课程实施安排。

表2　**成都市普通高中课程改革实施进展情况调查统计**（115所学校）

项目	内容	统计情况	完成比例
机构建立	1. 学校普通高中课程改革领导小组是否建立	115所	100%
	2. 学校学分认定委员会是否建立	115所	100%
	3. 学校选课中心是否建立	99所	86%
	4. 学校综合实践领导小组是否建立	115所	100%
学分管理	已制定有学分管理细则的学校	107所	93%
选课	已制定学生选课指导手册的学校	85所	73.9%
	准备实施选课的学校	112所	97.4%
综合实践活动	已制定综合实践活动细则的学校	110所	96%
	已制定三年综合实践活动安排的学校	90所	78%

校本课程普遍得到开设，并较明显地体现了学校特点；选修课程初具特色，促进了学生个性化发展；新课程体系在我市普通高中学校初步形成。

（二）课程开设注重特色，学校呈现多样化发展

课程改革对学校是一次全新的机遇。学校之间的水平差距是客观存在的，但从一定意义上说，实施新课程后，大家重新在同一起跑线上办学，后来者就有可能居上。因此成都不少学校把课程改革视为新形势下谋求更大发展尤其是特色发展的机遇。

不少学校在落实课程体系过程中，普遍结合学校实情，进行了具有校本特点的具体规划。如有的学校为突出“偏文”、“偏理”、“艺体”或生源学习基础情况，对部分学科教学适当增加了课时，或者在校本课程、选修课程中开设了突出学校特色和培养特长学生的课程，从而使不同学校在具体课程体系中呈现了较明显的校本特色。

而综合实践活动课程和校本课程既是新课程实施中的难点，更是其亮点，是建立学校特色课程体系的必要保证，为学校和教师提供了发挥创造性的空间。我市学校普遍按要求开设研究性学习课程，并结合当地社区、学校、学生特点组织选题进行研究。开设方式呈现灵活性特点。有些学校充分结合学科特点，组织学科教师指导学生开展研究性学习。在课时安排上结合校本课程等进行，或集中、或分散，或集中与分散相结合。如成都七中嘉祥学校创造了“8+2+2+X”的教学组织模式，并且在指导学生选题上从多个不同角度切入。校本课程普遍得到了学校的重视。学校在教师、课时、制度建设、课程开发上做出了应有的努力。有些学校通过教师自上而下的引领与满足学生需要的自下而上的课程开发途径，形成重点突出而又丰富多样的校本课程体系，并打造出校本核心课程，使校本课程呈现出多样化与精品化特征。如双流华阳中学结合学校突出“心理健康教育”与“科创教育”的特点，在课改年级与非课改年级都开设了心理健康教育课程。在高一、高二开设了“科创”课程。成都 20 中围绕“让学生学会劳动、学会做人”自主开发校本课程，形成了系列校本课程，并将德育工作校本化，突出了学校特色等；成都不少学校的选修课开设早，现在结合高中课改得到进一步发展，与学校发展定位一致，很有特色。如成都 11 中选修课，高一主要以艺体为主，提高学生艺术兴趣和艺术修养水平，为今后艺体学习奠定基础，同时与高考结合等。

不少学校的综合实践活动课程、校本课程或选修课程已逐渐成为拓展学生知识与技能，发展学生兴趣和特长，培养学生个性，促进教师专业成长和学校特色形成与办学模式多样化的有力抓手。

（三）新课程课堂的变化逐步显现

1. 教学观念在转变

课程改革的基础是课堂理念的改变。我们在调研听课中发现，新课程理念有明显的体现。从传统的“三中心”（教师中心、课堂中心、课本中心）走向新课程标准要求的“三为本”教学观（以学生为本的教育个体观，以学生能力发展为本的教育质量观，以组织学生自主活动为本的教学观）。

2. 教学行为在改变

在目标定位上从落实一维目标走向落实三维目标。注意挖掘教材内涵，落实过程与方法、情感态度价值观等课程目标；目标从功利化到更关注人的长远发展，注重学生综合素养的提升和发展。从对教学内容、教学进度、知识过手等的关注更多地回到了对人的关注，更多地关注学生学习状态，关注学生学习体验，引导学生学会生活、学会做人，培养学生积极乐观的人生态度和强烈的社会责任感；课堂由重教向重学转变，由重传授向重引导转变。从学情出发，根据学生学情设计课堂教学，注重学法指导，注重揭示知识的形成过程，让学生在动手操作、合作交流和观察分析中自己归纳，得出结论。从单纯注重训练到更多地引导学生思维的训练；教学方法、教学媒体多样化。调研了解发现，课改后教师常用的教学方法呈现出多样化态势，主要有引导学生探究式教学、组织学生合作学习等，课堂注重对现代教学手段的运用，大量采用多媒体、投影仪等辅助教学手段，提高了课堂教学效益。

3. 学习方式在变化

课程改革的关键是教与学的方式的转变。调研中发现，多数学校把学生主动学习和学会学习作为课堂教学的核心追求，关注学生的学习需求，营造平等和谐的氛围，为每个学生创造参与课堂教学活动的机会，积极引导学生自主学习，合作、探究、交流，培养学习的独立性和自主性，促进了学习方式由被动单一向主动多元的转变。如大邑中学着力进行四种改变：改变教学内容呈现方式、改变学生学习方式、改变教师教学方式、改变师生互动方式。

三、问题与对策：课改，我们刚刚上路

（一）存在的问题

高中课程改革是一场全面而深刻的革命，涉及方方面面。尽管我们未雨绸缪，积极行动，取得了初步的成效，但是高中新课程实施中依然还存在不少问题，毕竟高中课改我们刚刚上路。

1. 部分干部教师“新课程”意识淡薄，行为跟进迟缓

通过调查了解，现在仍有少数区（市）县和学校领导干部对普通高中课程改革持有消极观望态度，担心影响教学质量，缺乏改革探索勇气。有部分教师不同程度地存在着用旧课程观念解读新课程，“新课程”意识淡薄，在教学行为上表现为“穿新鞋，走老路”。究其原因：一是部分干部和教师学习认识不到位，未能充分理解国家课程改革的目的和意义；二是担心课改后的高考制度能否配套跟进改革，受现行高考评价制度的影响，使新理念和新要求难以在实际教学中得到落实，表现为某些改革流于形式。

2. 部分教师自身素质和能力与新课程的要求还有差距

新课标与原来的教学大纲在教学要求的表述上有很大的不同，新教材与老教材在知识呈现方式上有很大差异。不少教师对此很难把握，误认为课标及相应学科教材中对教学内容的广度、深度、难度和学生能力要求不够明确。于是在教学实践中，他们难以把握讲多讲少的尺度，难以确定课堂练习和课后作业的难度，对学生的指导存在一定困惑。

新教材的明显变化是教学内容的结构形式模块化，由此带来的现实问题是教材内容增多，探究性学习、合作学习等新教学方式似乎使教学时间增加。如果教师不能很好地理解新课标和新教材，不能很好地驾驭新的教学方式，就会出现教学内容与教学时间的矛盾，不少教师就会感到时间不足。加之教师学科教学知识的掌握还有待提高，导致部分教师不能高质量落实学生的自主学习、探究式学习和研究性学习等。

究其原因，尽管新课程实施近一年来，通过各级各类培训，教师的基本素质和适应新课改的能力有较大提高，但很多教师并未真正树立新课程意识，对新课程所需的专业知识和专业技能更新准备不足。

3. 课程实施中保障条件需要大力加强

新课程开设的通用技术、综合实践活动等课程，增加了理化实验等，需要增加设备设施和实验器材，需要场地，更需要相应的专业老师。现在我市普通高中学校大都缺乏

通用技术教师、设备，选修课程、综合实践活动课程的有关教师也存在质量和数量的问题。而农村地区的普通高（完）中更是困难重重，连课改前的国家基本课程，如美术、音乐、体育等教师都缺乏，更难以保障新课程新开设的通用技术、综合实践活动和选修课的开设了。因此，我们要进一步大力加强新课程实施中的保障条件，尤其首先要保障农村学校达到课改的基本条件。

4. 课程资源开发意识不强，现有课程资源利用率低

新课程改革推行国家、地方、学校三级课程管理体制，赋予地方和学校更大的课程自主权。目前各学校都积极努力，想方设法进行教学资源的建设，但总体情况不容乐观。调研显示，96.2%的学校和教师认为，目前校本课程开发缺乏课程专家的指导，而多数教师的专业水平离校本课程开发与实施的需求还有较大差距，存在的问题和困难较多；75%的教师认为，现在学校教师在开发校本课程中的主要问题是自身经验缺乏、资源占有不足和时间不够，使校本教材编撰质量难以达到相关要求；同时，调查表明，由于课程资源意识狭窄，看不到资源的广泛性和丰富性，没有走出教材及教参的框限，尤其是对教师作为课程资源重要组成部分的认识还很不到位，因而影响和制约着其他课程资源的开发、建设和利用。如条件性课程资源中，一方面是严重不足，另一方面还有闲置和浪费，利用率不高；而素材性资源被忽视和埋没，未能得到有效开发和利用。学校缺乏有效的制度与措施。如26%的教师认为，教师承担校本课程的开发与实施所耗费的人力、物力、财力与学校对自己的考核与评估之间没有建立科学可行的制度，加之在现有工作的重压下，难以调动其对校本课程开发与实施的积极性，一般采取应付甚至直接抵触的态度；还有17%的教师认为，高考升学的巨大压力是造成校本课程实施的最大阻力。特别是农村学校受制于人力、物力、财力诸因素的有限性，校本课程与课程资源的开发面临着严重的困难和挑战。如果多开几门选修课，教室、场地就不够用了，学生自主学习时需要频繁使用的电子阅览室、图书馆等设施也未能配备完善，学校之间没有达成资源上的共享。

表3　成都市普通高中课程改革实施进展情况调查统计

项目	内容	统计情况	所占百分比
校本课程	认为校本课程开发的时间仓促，校本教材质量低下	225人	75%
	认为校本课程的课时安排与国家课程课时安排有矛盾，是校本课程实施的障碍	84人	28%
	认为校本课程的开发与实施耗费人力、物力、财力，学校考核与评估制度不科学	78人	26%
	认为造成校本课程实施的最大阻力是高考升学的巨大压力	51人	17%

5. 学分认定工作难度大

学分制淡化了考试的选拔与甄别功能，强化了基础性与过程性。学分制认定的难点在于：一是学分认定主体包括学生、同伴、家长、教师、学校等多主体，评价程序繁琐，评价主体多元，环环相扣，环节过多。学分认定过程中的社会因素、人际因素干扰，不可避免地影响学分认定的公正性，难免造成学分认定的程序缩水，多元评价目标难以实现；二是学生能否顺利通过模块学业水平考试，与教师的命题水平、命题意图息息相关；三是学科特点的差异、班级规模也导致学分认定工作程序的差异，每科任课教师所任教的课时数、班级数、学生数不一样，工作量差距较大。

因此在全面推进学分制管理中，面临着教学管理工作难度加大、教学资源缺乏、教师资源缺乏以及教学管理制度滞后等各种矛盾。不同学校评定学分的标准严重不一致，导致学生学分不能反映学生的真实水平。

（二）对策建议

1. 建立与新课程相适应的教学管理制度

本次高中课改最大的变化是课程结构发生了重大变化，模块作为课程结构的基本形式，促进了选课和学分管理制度的建立，使课堂教学和教学管理制度发生了重大变化。基于模块的课堂教学改革成为教研领域的重大课题；教学管理制度的改革与重建成为学校管理制度的核心。各学校要大力改革教学常规，制订并实施基于模块的个性化学校课程设置方案和教学计划，建立学生个性化选课和选课指导制度，形成有效反映学生课程修习状况的学分管理制度。要推进学生、教师管理制度和学校公共资源管理制度的重建，逐步建立与新课程理念相适应的学校管理制度。市上要加强对普通高中课程改革制度落实、管理到位、实施有效等情况的督察，并把课改实施情况作为考评学校工作的重要指标。

2. 利用课改契机，建立促进学校特色发展的课程体系

普通高中课程改革，为学校特色发展提供了特别大的空间和机遇。对此有充分认识的学校，在课程开发上特别注意将三级课程体系与学校特色发展相结合，无论在国家课程还是选修课程开设与校本课程开发上，都注重从满足本校学生实际需要出发，在课程设计、课时安排、内容选择、教师培养上围绕“特色”发展充分调动各种因素，从而走出了一条主动、创造性实施课程改革，提高办学水平之路。市上要提炼、总结、推广它们的经验，使我市高中学校都能立足学校特色发展，整合三级课程资源，大力组织开发、有效实施促进学校特色发展的课程，充分利用课改契机，促进普通高中多样化发展。

3. 加强培训，提升校长课改领导力，强化教师课程执行力

课程改革是对学校课改领导力的重要考验。事实证明，课改领导力强的学校，在课改中认真应对、积极进取，依靠课改推进了学校的特色化发展。课改领导力弱的学校，更多体会到的是课改的困难。不同的学校有不同的课改，但需要的都是学校要有课改领

导力，要通过课程改革服务学校、学生发展。而课改实施的关键在教师，要先使教师成为一个成功的课程实施者，再帮助他们成为课程的研究者和开发者，这是基础教育课程改革和课程资源开发的关键所在。

因此要坚持“先培训、后上岗，不培训、不上岗”的原则，继续加强各级各类培训研修工作。对教育行政干部尤其是学校校长等的培训，关键在于增强其课改意识，提升他们的课改领导力。在教师培训上，应提高培训的实效性，处理好一般培训与教材解读式培训、课例研讨式培训以及教研指导等的关系，多针对教学中遇到的具体问题和教师的实际需要，组织针对性更强、具有可操作性的培训研修等。

4. 关注课堂教学，进一步转变教学方式

新课程的落脚点在课堂，唯有课堂充溢着生命活力，才有课改真正的升华。课改催生了新的教学理念、教学方式和教学模式，改变了一些过于陈旧的教学行为，使课堂呈现出新的面貌。但是当前课时紧、任务重的矛盾普遍存在，学生的预习量和课外学习任务也大量增加，教师的教学方式、教学技能不能适应新课程新教材的要求。因此，必须关注课堂教学，通过专业引领、同伴互助，集体研究备课、观课议课、说课磨课、示范研究等方式切实提高教师的教学水平，将新课程的教学理念真正转化为教师的教学行为，让教师更加重视充分体现学生在课堂教学中的主体地位，给学生创设更多体验、体会的机会，让学生得到更适合于自身实际的发展。

5. 完善学分认定办法

学分认定是学生学业评价系统的重要组成部分。调查结果表明，学校在学分认定过程中一定要明确学分认定的内容、各部分所占比重、学分认定管理和学分认定步骤，务求做到客观、公正、合理。

建议建立全市统一学分制管理系统，使学分管理工作科学、高效、客观、公正和合理，让学生和家长都可以登录这个系统查询。学分管理要把纸质的档案和电子的文档结合起来，网络平台管理是重要的手段。越到后期和全校性的铺开，这个工作越是重要，注意数据的安全性。对学校的学分考核与四川省的学业水平考试在学生评价中到底有什么样的互补或者差别功能，相关部门应当做出明确界定。

（供稿：成都市教育科学研究院　史玉）

（说明：本文的基础数据由成都市教育局普通高中课改工作办公室提供，罗军、钟亮和卓平为本文提供了一些材料。特此致谢。）

高等教育：2010 年高等教育发展概览

一、成都市辖区内高等教育机构发展概况

（一）成都市辖区内高等教育概述

四川省拥有博士学位授予权的10所高等院校，全部处于成都市行政管辖的区域内，这些大学都拥有厚重的办校历史，办学特色鲜明，教学实力雄厚，科研力量强大。它们分别是四川大学、电子科技大学、西南交通大学、西南财经大学、西南民族大学、西南石油大学、成都理工大学、四川农业大学、成都中医药大学、四川师范大学。其中，四川大学、电子科技大学、西南交通大学、西南财经大学属国家教育部直接管理的国家重点大学，四川农业大学由四川省人民政府管理，为省属重点大学，这五所学校同属“211”工程国家重点建设的高校。同时，四川大学和电子科技大学又是“985工程”国家重点建设的高水平研究型大学。另外，西南民族大学直属国家民族事务委员会领导；西南石油大学和成都理工大学原属国家石油部和国土资源部领导，同时实行部、省共建。这10所拥有博士学位授予权的高校是四川省高等教育实力和水平的代表。西华大学、成都信息工程学院、成都体育学院、四川音乐学院、成都医学院等这样一批办学特色异常清晰的省属高等院校，具有专业性强、学科能力突出的优势，既是四川省高等教育系统的骨干教育单位，也是反映成都市高等教育发展情况的一个重要窗口。

成都市教育局所辖的4所高校是成都大学、成都职业技术学院、成都广播电视大学、成都农业科技职业学院。其中，成都大学为本科，而成都职业技术学院、成都广播电视大学、成都农业科技职业学院为专科。另外，成都市行政范围内的高职高专院校共有23所，这些院校培养的专业人才已经成长为地方企业的技术和管理骨干，直接为成都地方经济的发展提供人力资源。

（二）成都市辖区内高校基本情况介绍

2010年成都市辖区内高等院校的发展在数量和规模两个方面的情况，详见表1。

表1　　2010年成都市辖区内高校基本情况一览

校名	主管部门	本、专科在校生人数(人)	教职工人数(人)	纸质图书(万册)	固定资产(万元)	备注(层次)
四川大学	教育部	41 654	8 039	738.84	456 208	本科(985、211)
电子科技大学	教育部	17 852	3 496	233.08	347 040	本科(985、211)
西南交通大学	教育部	30 834	4 612	301.79	293 540	本科(211)
西南财经大学	教育部	16 378	2 047	201.5	112 570	本科(211)
西南民族大学	国家民委	21 850	1 795	225	217 259	本科(211)
四川农业大学	四川省	—	—	—	—	本科
成都理工大学	四川省	26 496	2 485	180	142 830	本科
西南石油大学	四川省	23 261	2 240	193.64	120 990	本科
成都中医药大学	四川省	19 548	1 758	129.43	89 689.7	本科
四川师范大学	四川省	39 796	4 011	305.9	87 307.3	本科
西华大学	四川省	34 973	2 341	226.5	76 382.1	本科
成都信息工程学院	四川省	18 942	1 424	141.07	106 457	本科
成都体育学院	四川省	8 404	827	66.79	33 301	本科
四川音乐学院	四川省	12 496	1 433	102	86 509.3	本科
四川大学锦城学院	四川省	14 913	1 261	104.79	67 799.3	本科
四川外语学院成都学院	四川省	11 706	842	62.95	48 528.8	本科
电子科技大学成都学院	四川省	15 997	1 410	72	64 527	本科
成都理工大学广播影视学院	四川省	17 308	1 538	140	49 000	本科
成都信息工程学院银杏酒店管理学院	四川省	6 868	671	34.57	4 061.89	本科
四川师范大学文理学院	四川省	12 884	1 173	126	87 000	本科
四川师范大学成都学院	四川省	11 651	987	65.8	49 000	本科
成都医学院	四川省	6 547	869	43.7	16 556	本科
成都大学	成都市	21 000	2 500	15	11 000	本科
四川商务职业学院	四川省	6 695	352	33.43	6 807.78	专科
四川电力职业技术学院	四川省	3 740	640	25.5	29 631.8	专科
四川邮电职业技术学院	四川省	3 955	253	20.79	21 225.8	专科

表1(续)

校名	主管部门	本、专科在校生人数(人)	教职工人数(人)	纸质图书(万册)	固定资产(万元)	备注(层次)
四川交通职业技术学院	四川省	11 566	1 149	80.54	78 831	专科
四川财经职业学院	四川省	5 157	332	29.42	29 938	专科
四川航天职业技术学院	四川省	8 864	715	51.2	25 086	专科
成都航空职业技术学院	四川省	5 737	530	33.77	25 739	专科
四川管理职业学院	四川省	6 343	642	58	22 992	专科
四川文化产业职业学院	四川省	5 064	365	13	9 890.76	专科
四川烹饪高等专科学校	四川省	7 287	456	63.49	14 531.5	专科
成都纺织高等专科学院	四川省	9 226	588	52	32 448	专科
成都电子机械高等专科学校	四川省	9 537	771	78.73	56 115.3	专科
四川现代职业学院	四川省	4 483	263	37.27	20 536	专科
四川城市职业学院	四川省	7 893	726	84.52	28 431.8	专科
四川科技职业学院	四川省	6 354	730	60	19 600	专科
四川华新现代职业学院	四川省	4 033	316	32.39	15 187.6	专科
四川文化传媒职业学院	四川省	2 470	210	42.75	1 400	专科
成都艺术职业学院	四川省	4 802	355	18.55	15 920.17	专科
四川国际标榜职业学院	四川省	4 413	563	27.12	10 322.4	专科
四川托普信息技术职业学院	四川省	8 547	616	37.8	22 809.5	专科
四川天一学院	四川省	7 450	731	53.93	8 344.89	专科
成都职业技术学院	成都市	9 122	584	53.45	34 004.7	专科
成都农业科技职业学院	成都市	9 102	525	48.8	24 345.4	专科
成都广播电视大学	成都市	—	—	—	—	专科

[资料来源] 四川省教育厅计财处。

表1是从对高等院校发展来说最为外在的方面进行考察的，统计的项目分别有主管部门、在校人数、教职工人数、纸质图书册数、学校资产、学校层级，这些项目构成了对成都市辖区内高校发展在数量和规模上的简单了解。与2009年相比，数量与规模没有明显变化。

2010年成都市辖区内省级本科院校和国家级高校在教学质量与科研技术上取得重大成绩的情况，详见表2和表3。

表2　2010年成都市辖区内地方本科院校质量工程省级以上建设项目一览

学校名称	特色专业		精品课程		教学名师		教学团队		实验教学示范中心		人才培养模式创新实验区	
	国家级	省级	国家级	省级	国家级	省级	国家级	省级	国家级	省级	国家级	省级
成都理工大学	8(1)	20(4)	2(0)	36(4)	1(0)	7(2)	1(0)	7(2)	1(0)	6(0)	—	2(1)
西南石油大学	8(1)	16(3)	1(0)	35(4)		6(1)	2(0)	7(1)	1(0)	4(0)		2(1)
四川农业大学	10(2)	20(4)	6(1)	40(3)	1(0)	12(3)	3(1)	9(2)	1(0)	6(0)	1(0)	1(1)
成都中医药大学	6(1)	7(1)	5(1)	31(5)	1(0)	7(1)	3(1)	6(2)	1(0)	4(0)	1(0)	2(1)
四川师范大学	12(3)	20(4)	3(1)	54(6)	—	8(2)	1(0)	7(2)	1(0)	3(0)	1(0)	2(1)
西华大学	4(1)	14(3)	—	29(2)	—	4(1)	—	6(2)	—	6(0)	—	1(1)
成都信息工程学院	7(2)	12(3)	1(1)	26(14)	—	4(2)	1(1)	4(1)	—	2(0)	—	2(1)
成都体育学院	4(1)	7(1)	1(1)	23(4)	—	4(2)	—	4(1)	—	2(0)	—	2(1)
四川音乐学院	2(0)	6(1)	—	11(4)	—	2(1)	—	5(1)	—	1(0)	—	1(1)
成都医学院	—	3(1)	—	7(2)	—	3(1)	—	1(0)	—	3(1)	—	1(1)
成都学院	2(1)	5(2)	—	17(4)	—	2(1)	—	4(2)	—	3(1)	—	2(0)
合计	65(13)	130(27)	19(5)	309(52)	3(0)	59(17)	11(3)	60(16)	5(0)	40(2)	3(0)	16(10)

注：①表中括号外数据为2010年底各校各类质量工程项目立项数，括号内数字表示2010年的增量。实验教学示范中心和人才培养创新实验区2010年没有开展评比工作。

②资料来源于省教育厅高教处。

由表2可知，2010年成都市辖区内的省级本科院校中，实施“教学质量工程”建设是努力提高教学水平、推进地方高等教育质量向更高层次提升的重要举措。“教学质量工程”建设以具有基础性、全局性、引导性的教学项目为突破口，引领教学改革的方向，把握提高教学质量的重点、切入点和关键点，促进高校提高教学质量。辖区内的省级本科院校在2010年加强对建设项目的遴选、培育、建设、推广，按照“设置合理、优势突出、特色鲜明、质量保证、适应需求、社会欢迎”的原则，大力培育本科特色专业，积极推进国家级、省级特色专业项目建设，积极推广教育部组织的教学名师、教学团队的评选，打造实验教学示范中心和人才培养模式创新试验区。与2009年相比，各个项目的数量增加明显，其中，国家级特色专业、省级特色专业、省级精品课程、省级教学名师、省级教学团队、人才培养模式创新实验区项目数均达到10个及以上。

表 3　　2010 年成都市辖区内 4 所重点大学获国家科学技术奖情况

奖项名称	获奖结果	获奖学校
国家科学技术进步奖一等奖	千米级斜拉桥结构体系、设计及施工控制关键技术	西南交通大学
国家科学技术进步奖一等奖	秦岭终南山公路隧道建设与运营管理关键技术	西南交通大学
国家科学技术进步奖一等奖	六轴 7 200 千瓦大功率交流传动电力机车的研发及应用	西南交通大学
国家科学技术进步奖一等奖	遂渝线无砟轨道关键技术研究与应用	西南交通大学
国家科学技术进步奖二等奖	母猪系统营养技术与应用	四川农业大学
国家科学技术发明奖二等奖	典型高分子材料无卤阻燃化关键技术及应用	四川大学
国家科学技术发明奖二等奖	口腔颌面组织修复及功能重建技术的研究及应用	四川大学
国家科学技术发明奖二等奖	百万册数字图书馆的多媒体技术和智能服务系统	四川大学
国家科学技术发明奖二等奖	高混凝土坝整体稳定安全控制新理论及工程应用	四川大学
国家科学技术发明奖二等奖	复杂水电能源系统优化运行关键技术研究及应用	四川大学
国家科学技术发明奖二等奖	岩体爆破震动效应定量评价理论与精细化控制技术及工程应用	西南交通大学
国家科学技术发明奖二等奖	新型功率半导体器件体内场关键技术与应用	电子科技大学

［资料来源］四川省教育厅科技处。

从表 3 可知，2010 年成都市辖区内高等院校共获得国家科学技术奖项 12 个，其中，西南交通大学获得 4 个国家科学技术进步一等奖和 1 个国家科学技术发明二等奖，四川农业大学获得 1 个国家科学技术进步二等奖，电子科技大学获得 1 个国家科学技术发明二等奖，而四川大学获得 1 个国家科学技术发明二等奖 5 个。

2010 年成都市辖区内独立学院和高职高专院校的发展情况，详见表 4。

表 4　　成都市辖区内独立院校和高职高专的基本情况

举办者	占地面积（平方米）	建筑面积（平方米）	固定资产总值(万元)		本、专科在校生数(人)	教职工数（人）	专任教师（人）	专任教师结构	
			总计	教学科研仪器设备				高级职称(人)	研究生（人）
四川大学锦城学院	828 841	372 900	67 799.3	7 773.45	14 913	1 261	853	302	524
四川外语学院成都学院	687 463	92 783	48 528.8	4 969.65	11 706	842	651	157	356
电子科技大学成都学院	945 711	—	64 527	9 719	15 997	1 410	895	210	498
成都理工大学广播影视学院	1 038 480	431 144	49 000	11 100	17 308	1 538	1 112	314	264
成都信息工程学院银杏酒店管理学院	314 015	—	4 061.89	1 558.12	6 868	671	367	81	243

表4(续)

举办者	占地面积(平方米)	建筑面积(平方米)	固定资产总值(万元)		本、专科在校生数(人)	教职工数(人)	专任教师(人)	专任教师结构	
			总计	教学科研仪器设备				高级职称(人)	研究生(人)
四川师范大学文理学院	552 276	23 675	87 000	7 500	12 884	1 173	792	198	449
四川师范大学成都学院	688 000	—	49 000	5 970	11 651	987	578	131	180
四川商务职业学院	387 744	146 574	6 807.78	2 524.82	6 695	352	266	69	111
四川电力职业技术学院	560 556	188 470	29 631.8	4 737.5	3 740	640	311	113	103
四川邮电职业技术学院	137 334	107 515	21 225.8	3 792.68	3 955	253	178	49	57
四川工商职业技术学院	506 030	176 032	7 054	3 077	6 271	456	365	82	91
四川职业技术学院	—	—	—	—	—	—	—	—	—
四川交通职业技术学院	693 824	343 009	78 831	14 406.3	11 566	1 149	732	137	116
四川财经职业学院	254 929	95 839	29 938	2 361.05	5 157	332	234	48	124
四川航天职业技术学院	419 616	231 129	25 086	4 850	8 864	715	557	120	108
成都航空职业技术学院	672 670	233 608	25 739	6 418.1	5 737	530	294	77	141
四川管理职业学院	182 124	213 874	22 992	5 817	6 343	642	306	95	143
四川文化产业职业学院	393 400	157 564	9 890.76	3 201.24	5 064	365	268	56	88
四川烹饪高等专科学校	476 825	222 862	14 531.5	3 346.5	7 287	456	395	85	117
成都纺织高等专科学院	410 662	172 441	32 448	3 590.05	9 226	588	478	129	228
成都电子机械高等专科学校	763 817	434 932	56 115.3	7 318.45	9 537	771	525	152	246
四川现代职业学院	341 206	106 380	20 536	1 512	4 483	263	162	30	98
四川科技职业学院	407 000	6 363	19 600	4 653	6 354	730	391	56	179
四川华新现代职业学院	206 460	57 302	15 187.6	1 629.59	4 033	316	201	29	74
四川文化传媒职业学院	135 000	—	1 400	800	2 470	210	122	15	30
成都艺术职业学院	217 603	72 100	15 920.7	1 324.88	4 802	355	248	34	61

表4(续)

举办者	占地面积(平方米)	建筑面积(平方米)	固定资产总值(万元)		本、专科在校生数(人)	教职工数(人)	专任教师(人)	专任教师结构	
			总计	教学科研仪器设备				高级职称(人)	研究生(人)
四川国际标榜职业学院	398 708	73 484	10 322.4	2 098.93	4 413	563	279	48	57
四川天一学院	578 329	—	8 344.89	2 768	7 450	731	412	36	135

［资料来源］四川省教育厅计财处。

说明：专任教师结构的计算中，《统计提要》中有的院校把非专任教师的情况也计入其中，因此，这种计算方法得出的数值有些院校可能偏大，仅供参考。为了与《普通高等学校基本办学条件指标（试行）》（教发［2004］2号）的要求一致，仍用专任教师总量为基数来比较。

独立学院与高职高专院校是构成高等教育的重要组成部分，也是国家近些年重点关注和投入的对象之一。2003年至2010年是成都市辖区内7所独立学院建立、成长的7年，独立学院依托实力雄厚的老校组建而成，分享着重点高校的管理经验和办学资源，呈现出良好的发展势头。辖区内23所高职高专院校是结合当地经济、社会发展的需求兴建起来的，它们与地方政府保持着直接联系，得到了当地政府的大力支持与协助，同时，又和地方经济发展的实际需要联系起来，拥有独特的优势，能够较好地满足服务地方经济社会发展的要求。

（三）高校的自身发展和为社会服务

截至2010年，成都市辖区内现有的一级国家重点学科涉及医药、电子信息、生物医学、能源、交通、机械、地质、材料等基础研究领域；现有的二级学科国家重点学科主要涉及医药、电子信息、交通、机械、金融、地质、材料、化工、食品、农业、水电和能源等学科；现有一级学科省级重点学科涵盖了除军事学、教育学以外的10个学科分类；现有二级学科省级重点学科涵盖了除军事学以外的11个学科分类。各高校每年为社会培养大量的优秀毕业生，也为各行各业输入了新鲜的血液，推动着国家各项工作的进程。

高校的自身发展和地方的经济、文化等的发展联系较为紧密，服务社会也是高校的一个职能。同时，四川省是我国西部大开发的战略重点，建设西部经济强省需要大批高素质的应用型人才和拔尖创新型人才的支撑。成都市辖区内的各所高校都肩负着服务地方社会发展的重任。例如，汶川大地震给四川人民造成了不可估量的损失，灾后重建工作目前面临着受灾面积广、地质结构复杂、受灾人口多、重建时间久的众多问题。从地震发生的那一刻起，成都地区的高校就发挥各自的优势，积极参与到抗震救灾的工作中去。四川大学依托华西医院的优势，积极开展救治难民的工作，同时还调集医学各领域的专家奔赴灾区救治伤员，派遣心理专家前往灾区作心理创伤治疗；各大学组织青年教师和大学生志愿者团队，赶赴灾区帮助救援。灾后重建的两年时间里，四川大学公共管理学院参与国家科技部中国科学技术发展战略研究院承担的“汶川地震灾区居民重建情况调查”，发挥其自身优势，积极组织调研人员深入地震灾区，全程、全面、全力参与实地入户调查工作，以实际行动为调查的顺利展开提供智力支持，也为国家灾后重建规划的中期评估工作和地震灾区自身即将出台的相关政策的准确性、针对性和有效性提供了不可或缺的数据保障。

在西部大开发的时代浪潮中，在实施“科教兴川”和“人才强省”的战略中，成都各高校结合区域经济发展需要和人民群众接受优质高等教育的需要，积极推进人才培养模式革新。例如，电子科技大学采取了多层次举措：各级领导高度重视，各学院、各部门充分发动师生特别是科研人员和科研管理人员，积极参加各种研讨，使学校“提升水平、突出特色、注重规模”的科技工作思路落到实处；各学院、各部门按照学校总体要求，结合本单位实际情况，有重点、有针对性地开展专题讨论会和专项研究，并取得了一定的成果；学校各个职能部门，特别是与科技工作密切相关的部门，具有全校工作一盘棋的认识，积极主动地参加讨论，从多个角度研讨科技工作；做好科技工作会议的宣传工作，让更多的教师和同学关注大会，了解科技工作，关心和支持科技工作的发展；同时，电子科技大学努力发挥人才高地效应，广泛动员科研骨干深入地方，走进企业，主动为区域经济社会发展提供智力支持，解决实际问题；积极参加“省部企业科技特派员行动计划”，先后派出114名教师作为省部企业科技特派员，为企业科技发展出谋划策。

高等教育规模的不断发展和扩大满足了更多青年人接受高等教育的愿望，提高了四川高等教育毛入学率和高等教育大众化水平，促进了新增劳动力平均受教育年限的提高，适应了转变经济发展模式和增长方式的需要，为成都市经济的发展乃至四川省经济的发展做出了重大贡献。

二、成都市所属高校发展概况

（一）成都市所属高校基本情况介绍

截至2010年底，成都市所属的高等院校共有4所，其中本科院校1所，专科院校3所。详见表5。

表5　成都市所属高校基本情况简介

校名	层次	在校生人数(人)	教职工人数(人)	纸质图书(万本)	占地面积(平方米)	校舍面积(平方米)
成都大学	本科	21 000	2 500	152	1 630 000	580 000
成都职业技术学院	专科	9 122	584	53.45	352 329	236 600
成都广播电视大学	专科	—	—	—	—	—
成都农业科技职业学院	专科	9 102	525	48.8	567 442	179 503

［资料来源］四川省教育厅计财处。

（二）2010 年成都市所属高等教育发展概况

2010 年，成都市制订了《成都市高等教育质量提升行动计划》，该计划是部、省、市共建统筹城乡教育理念综合教育改革试验区的十个配套计划之一。实施该项“行动计划”，在市属高校内建立了 4 个特色专业、20 门精品课程，获准市级立项。这项计划的施行使得教育教学改革进一步深化，也推动了成都市所属高校的学科建设和专业设置，这让高等教育的发展与成都的发展连接得更为紧密，高等教育水平不断提高，为推动成都市经济的发展做出了更大贡献。详见表 6、表 7。

表 6　　成都市教育局 2010 年立项市级特色专业一览表

学校名称	专业名称	所属专业（学科）	专业带头人	专业层次
成都大学	机械设计制造及其自动化	机械工程类	彭建设	本科
成都大学	自动化	控制科学与工程类	雷霖	本科
成都农业科技职业学院	畜牧兽医	农林牧渔类	唐仁华	专科
成都职业技术学院	应用电子技术	电子类	周江	专科

表 7　　成都市教育局 2010 年立项市级精品课程一览表

学校名称	课程名称	负责人	课程层次	所属一级学科门类	所属二级学科门类
成都大学	大学生职业发展与就业指导	柯玲	本科	文化素质教育课程类	文化素质教育课程类
成都大学	生药学	王跃华	本科	医学	医药学
成都大学	大学生心理学	卢勤	本科	文化素质教育课程类	文化素质教育课程类
成都大学	机械设计	李俭	本科	工学	机械类
成都大学	土木工程施工	李文渊	本科	工学	土建类
成都大学	音乐美学	胡郁青	本科	文学	艺术类
成都大学	体育科学研究方法	徐明	本科	教育学	体育学类
成都大学	现场总线技术	雷霖	本科	工学	电气信息类
成都农业科技职业学院	养禽与禽病防治	周大薇	高职高专	农林牧渔类	畜牧兽医类
成都农业科技职业学院	园林植物保护	彭素琼	高职高专	农林牧渔类	林业技术类
成都农业科技职业学院	遗传与作物育种	徐大胜	高职高专	农林牧渔类	农业技术类
成都农业科技职业学院	动物繁殖与改良技术	付秀琴	高职高专	农林牧渔类	畜牧兽医类

表7(续)

学校名称	课程名称	负责人	课程层次	所属一级学科门类	所属二级学科门类
成都农业科技职业学院	Flash动画制作	陈琳	高职高专	电子信息类	计算机类
成都职业技术学院	商业银行综合柜业务	何琼	高职高专	财经	金融类
成都职业技术学院	高职大学生职业生涯规划和就业创业指导	范华亮	高职高专	文化素质教育课程类	文化素质教育课程类
成都职业技术学院	普通话	曾明凤	高职高专	文化素质教育课程类	文化素质教育课程类
成都职业技术学院	空乘实务	舒莉	高职高专	交通运输类	民航运输类
成都职业技术学院	高职实用英语	赵茜	高职高专	文化教育	语言文化类
成都广播电视大学	计算机应用基础	吴小勤	网络教育	电子信息类	计算机类
成都广播电视大学	金融市场学	程兰	网络教育	财经类	市场营销类

[资料来源] 成都市教育局。

地方高校与地方各界的联系较为紧密，它自身的成长伴随着地方经济、文化的发展，两者联系紧密且相互促进，共同支撑和服务地方百姓。地方高校每年承担着解决地方青年入学的重任，培养人才、反哺地方的功能。2010年期间，各高校根据自身的实际情况开展各项教育教学活动，取得了显著的成绩。

（1）成都大学自身发展的目标定位是“提高人才培养质量，增强服务社会能力，努力建设具有鲜明办学特色的城市型综合大学”。学校顺利完成“双百工程”。教授人数从2009年的70人增加到100人，增长42.9%；具有博士学位教师从2009年的65人增加到112人，增长75.3%，顺利完成“双百工程”。截至2010年底，成都大学有高级职称教师413人，占专任教师比例的42.4%，政府特殊津贴专家4人，省级学术和技术带头人及有突出贡献专家5人，成都市突出贡献专家5人。成都大学在2010年有科研项目申报400余项，纵向立项80项，获得了国家自然科学基金青年项目立项资助和国家社科基金项目立项资助共2项，到校科研经费接近2 000万元。根据统计，自然科学项目立项在全省45所本科院校中列第20位，到校科研经费在省内院校中列第15位，发表论文在省内院校中列第17位，社科课题立项在省内院校（统计范围35所）中列第23位。科研平台建设新增了省教育厅人文社科基地“四川动漫研究中心”和省高校重点实验室“药食同源植物资源开发四川省高校重点实验室”2个重要的科研平台。已建省（部）级重点实验室、研究中心8个。同时，2010年成都大学承办了3次高水平的国际（地区）学术会议。

作为成都市所属高校中唯一一所本科级院校，肩负着成都市教育发展和服务社会的重任。2010 年，成都大学与成都市农委、成都市质量技术监督局等部门以及 40 余个企业开展合作，与广元、乐山、双流等 20 多个县（市）签订合作协议，建立产学研基地近百个。积极参与灾后重建，参与四川省科技富民行动。2010 年，横向服务和技术转化项目达到 80 项，培训成都市村干部、食品质检技术人员、软件、旅游、动漫等人才 10 000 余人次，提供技术咨询服务 400 余项。做到了教学与服务社会的双向发展，积累了课堂教学与社会实践的双重经验。

（2）2010 年成都职业技术学院全日制大专学生达到 9 122 人，加上五年制、成人在校学生，总数达到 10 581 人。成都职业技术学院 2010 届毕业生 2 969 人，符合派遣资格的 2 915 人，毕业生合格率达 98%。截至 2010 年 10 月，接待用人单位 621 家，提供岗位数 8 200 个，上岗率 99%，初次签约率 94%。这其中，出国就业 8 人，专升本 33 人，应征入伍 18 人。根据成都现代服务业发展需要，确定了软件技术、酒店、金融与证券、电子商务和物流管理 5 个国家和省级重点建设专业，导游、应用电子技术 2 个院级重点建设专业新开设光电子技术专业，新申报航空服务、眼视光技术专业两个。新建成省级精品课程 2 门，申报成功市级精品课程建设项目 5 门，确立院级精品课程 8 门。在加大师资队伍建设力度的工作中，新引进正高职称 2 名，副高职称 4 名，博士 1 名，公招教师 6 名。2010 年成都职业技术学院把大力提升科研工作水平作为重点工作展开，申报了 8 项市级、5 项省级或以上课题；学院 2010 年获得外来经费 855 000 元，到账经费 255 000 元；确定 16 项 2010 年院级科研课题；完成各类课题结题 9 个；教师在各级各类学术刊物上发表的文章较 2009 年增加了 20%，其中在中文核心刊物上发表文章 40 多篇。

成都职业技术学院推行“政行企校”办学体制，与新津、邛崃等县市签订合作框架协议，助推区域经济发展；与高新区共建“高新区成职软件教育园”，组建软件教育园管委会，探索园区新的管理运行机制，引进近 20 家企业入驻园区。2010 年学院开展了“名师进课堂”计划，将文旅集团企业总经理 3 人分别引入学校为职教集团教师公开授课；开展“职教集团师资进企业挂职锻炼”计划，首期引入集团 3 所学校 6 名教师进入成都文旅集团挂职锻炼。社会实践取得的主要成果有：与文旅集团探索成立文旅研究院和文旅学院，以科技服务文旅集团，已经开发出西岭雪山景区讲解员岗位职业标准，培训西岭雪山景区讲解员 10 人，派出专业导游支持西岭雪山成功申创 4A 级景区；与成都文旅集团共建“全国旅游人才开发示范试点单位”；吸引成都信息工程学院银杏酒店管理学院加入集团，服务成眉经济合作区和成德经济合作区；吸引眉山职业技术学院和什邡职中加入成都旅游职业教育集团；组织职教集团成员学校观摩全省导游技能大赛、景区讲解员大赛和饭店行业大赛，并分别形成了联合教研活动调研报告。

（3）成都广播电视大学 2010 年完成招生约 14 000 人，办学规模比 2009 年增长了 15%。成人大专第一批录取 2 930 人，录取率 80%；直属学院招生 2 300 人（含奥鹏远程教育），较 2009 年增长 25%。学校继续实施“农民工上大学”、“民兵学历提升工程”

等项目；筹办残疾人教育学院，与成都市残联合作，启动了残疾人上大学项目，社会工作、数字媒体专业首届招生共100人，并在资金保障、学习生活条件改善、支持服务上给予了更多倾斜。非学历教育上，继续教育学院2010年共开设12个培训项目，完成培训5 660余人次，比2009年增加100%。

成都广播电视大学通过与各级教育行政部门的通力合作，初步搭建起社区教育四级办学网络，建成（区、市、县）社区学院19个，（乡、镇）社区学校300个，（村、社区）社区教学工作站1 595个。开展了社区教育专（兼）职干部培训。以活动为引领，开展了市民主题教育活动，定点在都江堰开展"新家园、新生活、新风尚"教育活动，组织大规模送教进社区，"大手牵小手，一起学国学"、"百场人文知识讲座进社区"等活动。打造本土特色课程和特色教育读本，着手编写《社区教育课程指导大纲》及《社区教育工作指导手册》。实施区域战略协作，与金牛区等签署区域学习型城市、社区教育推进战略合作协议，共同推进区域社区教育成长。启动实施"学习型网吧——超级教室"项目和社区教育"百千万工程"。

作为成都市直属的四所高校中办学特色较为鲜明的成都广播电视大学，在成都教育均衡发展、市民终身学习和学习型城市建设中发挥了不可或缺的作用。

（4）成都农业科技职业学院分散和解决了成都市青年就学、创业的压力，起到了很好的引导作用，为地方经济和社会的发展贡献了力量。2010年成都农业科技职业学院成功申报国家骨干高职建设院校和四川省示范性高职院校建设单位，学院发展迈出两大步，取得了卓越的成就。成都农业科技职业学院2009年招生计划为3 110人，一志愿填报成都农业科技职业学院的成都籍考生740人，仅占招生计划的23.8%；2010年招生计划为3 050人，一志愿填报成都农业科技职业学院的成都籍考生达1 096人，占招生计划的35.9%，同比增长了12个百分点。其中，一志愿填报涉农专业的成都籍考生，从2009年的344人增加到2010年的595人，净增251人，增长率达到了73.0%；涉农专业成都籍考生的录取数从2009年的182人增加到2010年的297人，净增115人，增长率达到了63.2%；涉农专业成都籍考生报到数2009年为142人，占总报到人数的16.15%，2010年已报到259人，净增117人，增长率82.39%，占总报到人数的22.54%。成都农业科技职业学院7个重点专业建设方案均通过了专家论证，对重点专业及其专业群和专业方向进行了优化和调整；完成《动物解剖生理》（畜牧）、《插花艺术》（农艺）2门省级精品课程；完成《养禽与禽病防治》（畜牧）、《园林植保》（农艺）、《遗传与作物育种》（农艺）、《动物繁殖与改良技术》（畜牧）、《FLASH动画制作》（电子）5门市级精品课程。《农业气象》（农艺）被评为教职委精品课程。

成都农业科技职业学院围绕成都市"建设世界现代田园城市"和"统筹城乡发展"中心工作，利用学院资源推动区域农业和农村发展，服务地方经济和社会发展，发挥地方高校服务地方经济和社会发展的作用。2010年共计立项《草种质资源创新及育种》（国家级课题）等各级科研课题20项。成都农业科技职业学院已经在成都地区建立了四个村级扶贫点、十一个对口服务的专家大院及科技服务示范点；进一步加强面向成都的各类培训工作，与成都市农委、彭州市农发局、郫县农发局合作开办了农民创业培训班、农村实用技术培训班、在岗职工素质提升班，并在温江区、崇州市开展农村劳动力转移培训，全年举办 59 期累计培训各类人员 3 818 人；与成都多家企业在新品种实验、示范及推广等方面进行了广泛合作，取得了较大的经济效益和社会效益。

三、总结与展望

2010 年是十一五规划收尾的一年，做好这一年的高等教育总结工作对十二五规划高等教育事业的发展有重大意义。2010 年成都市部省属高等院校的科技创新工作取得新成绩，辖区内高校共获得 12 项国家科学技术奖，分别由西南交通大学、四川大学、四川农业大学和电子科技大学获得。2010 年成都市辖区内本科院校的教育教学质量工程建设取得长足进步。成都市辖区内 7 所独立院校依托实力优厚的重点高等学校，继续呈现出蓬勃发展的态势，而 23 所高职高专院校不断适应社会需求，与地方经济文化发展保持紧密关系。

从高等教育的社会服务功能来看，成都市辖区内部省属高校的产、学、研实力较强，因而能为成都市经济社会的发展提供强劲的能量。与部省属高校相比，成都市所属高校的优势在于能够更直接地与辖区内的经济社会发展产生关联。而不足之处在于，从数量上看仅有 4 所，从院校层级来看，专科 3 所，本科仅 1 所，整体而言，成都市所属高校的产、学、研能力还有待提升。

从高等教育的科学研究功能来看，成都市辖区内部省属高校获得的国家教育经费直接投入越来越充实，拥有的科研项目质量高、种类多，这些高校面临着如何将自身的优势资源充分转化为实际的社会成果的问题。而市属高校直接培养社会各领域的专业人才，对社会需求较为敏感，能对经济社会发展需要及时做出相应的反应。市所属高校应当主动从三方面出击：①依据合理的发展需要，主动向政府申请更多的政策和资金支持；②提升自身的科研能力，主动向部省属高校寻找合作机会，建立各项交换引进项目，直接参与分包部省属高校各类课题；③充分发挥自身优势，利用对辖区内企业的了解，主动向企业寻找市场需求和资金。

从高等教育的教学方面的功能来看，政府可以扶持和要求各市属高校加强与省部属高校在学生交换项目、教师交换项目、教学交换项目上的合作，可以考虑制定相应的考核指标，从而促进市属高校的跨越式发展。市属高校则可以根据自身的重技术性、重应用性的特点，一方面加大对学生的实践能力的锻炼，提升学生的就业力；另一方面也就本校每年毕业生的各项就业信息做出清晰记录并建立毕业生就业情况追踪数据库，如实反映市属高校在人才培养方面的成就，寻求进一步提升和发展的方向。

（供稿：四川大学　李毅　何力）

民办教育：
2010年发展民办教育 满足多元选择

民办教育是我市教育事业的重要组成部分，并发挥着不可替代的重要作用。我市民办教育发展快速，在推进办学体制改革、满足人民群众对教育的多元化需求、培养适应经济社会发展所需求人才等方面做出了重要贡献。2010年，全市民办教育义务教育段学校共83所，在校生15.54万人，占全市同类比例14.06%；普通高中学校29所，在校生1.59万人，占全市同类比例7.5%；中等职业学校43所，在校生6.75万人，占全市同类比例31.42%；民办幼儿园1 503所，在园儿童22.64万人，占全市同类比例69.42%；其他各类培训机构820所，年培训24.9万人次。

一、民办教育的贡献

（一）缓解学位不足矛盾，有效规避政府的办学风险

随着成都市经济社会的快速发展，区位优势和教育资源优势日益彰显，外来务工人员和流入本地的常住人口快速增长，使得非成都市户籍的义务教育学龄人口增加。从2000年开始，国家对农村劳动力外出就业政策进行了重大调整，明确提出农民工已经成为我国产业工人的重要组成部分，要解决进城务工农民子女接受义务教育问题，让他们享受与城市学生同等待遇。2005年，我市城区公办中小学接收了2.7万名农民工子女入学；2006年，接收了2万至2.5万名；2007年，接收了4.08万名，在校农民工子女达到9.26万人；2008年，在校农民工子女约有15.7万人，其中在中心城区就读的为10.4万人，约占中心城区义务教育段在校生总数的29%；2009年，达到18.6万人，其中在中心城区就读的12.9万人，约占中心城区义务教育段在校生总数的34.96%。公办学校学额出现紧张、安置困难的问题，形成了公共教育资源的供求矛盾。而政府办学从学校修建到教师队伍的培养都需要一定的周期。由于流动人口子女的流动性特别强，将导致修建的学校闲置浪费，招聘的教师将无法分流、消化，区域教育无法科学规划、科学发展等问题。针对公办学校学位不足、相当部分民办农民工子弟校存在安全隐患、农民工子弟学校质量低的问题，2006年，我市出台《关于加强主要接收进城务工就业农民子女民办学校管理扶持工作意见》。在政府的扶持和规范管理下，义务教育段民办学校，特

别是以接收农民工子女为主的义务教育段民办学校从整体上缓解了学位不足的突出矛盾，减少了政府的办学风险。2009 年，民办学校接收了 5.4 万名义务段农民工子女就读，承担了接近一半的就读任务，为我市城乡统筹、经济发展做出了积极贡献。我市大力发展以接收进城务工就业农民子女为主的民办学校，补充了义务教育段教育资源的不足。

（二）满足人民群众对教育的多元选择和需求

伴随着市民对优质教育资源的渴求，我市民办中小学的办学特色、个性化服务和机制灵活的优势逐渐体现，一定程度上满足了市场对特色教育、个性化教育等优质教育的选择性需求。我市民办教育除了具有数量持续增长的特点外，还呈现出办学内容多元化的特色，如不少民办中小学率先推行小班化，进行双语教学试点，注重计算机和艺术教育，深受广大家长和学生的欢迎。部分优质民办学校虽然收费高昂，但一直生源充沛、学位供不应求；一些民办职校灵活设置专业，毕业生十分走俏。这些满足了我市经济社会发展和人民群众对教育多样化的选择和需求。

（三）为教育改革提供可资借鉴的经验

民办学校注重办出特色，讲求办学效益，重视师资的优胜劣汰，关注以优质服务留住学生，激活了整个教育的一池春水，这些都为公办教育的改革提供了可资借鉴的经验。

二、我市发展民办教育的特色和亮点

《民办教育促进法》及其实施条例颁行以来，我市各级政府及其有关部门秉承“促进民办教育发展”这一宗旨，结合实际推出一系列创新举措，积累了发展民办教育的宝贵经验，部分区（市）县在促进民办教育发展的实践中，呈现出了各自特色和亮点。

（一）建立民办教育扶持机制

1. 统筹区域教育用地，整合利用教育资源

在规划学校校点时充分考虑民办学校的布局，利用中小学布局调整等教育资源重组的机会，将闲置的公办学校校舍用于民办教育，扩大民办学校的规模，加快其发展步伐，调动民办教育举办者的积极性，坚定举办者的投资信心，推进区域民办教育的可持续发展。如金牛区在中小学布局中，将侯家小学廉价出让给该区蓝灵学校，使闲置的资源被民办教育消化、利用，促进了民办教育的发展。

2. 实行有选择的财政资助

鼓励民办学校加大设施设备投入，不断改善办学条件，政府每年根据民办学校的投入情况给予一定比例的补助。对接收持有“三证”的进城务工人员子女接受“九义”教育的民办学校，实施定额学费补贴。

3. 设立民办教育专项经费

民办教育专项经费用于支持民办学校的基础能力建设，加强教师培训及安全管理

等，并对区域内有突出贡献的民办教育集体和个人予以奖励和表彰。

4. 实行“支管”、“支教”

金牛区组织公办学校干部、教师对民办学校有计划地开展“支管”、“支教”活动，提升管理层次、优化教师队伍，提高教育、教学质量；武侯区继续教育中心强化民办学校的专项教研、科研和师培工作，各教研员对区属民办学校划片包点，全区多次召开民办学校教学管理研讨会，共同研讨民办学校的教学和管理工作。

（二）创新政策制度

试行与公办教师相一致的养老保险政策。双流县在有关部门的共同努力下，在全市率先实行民办学校教职工“五险一金”制度、试行民办学校教职工指导性工资制度，有力地维护了民办学校教师队伍稳定。建立诚信学校创建制度。在全省率先发表的《双流县民办教育诚信宣言》和积极开展的“双流县民办教育诚信学校”创建活动，影响深远，好评不断。建立民办学校督导评估体系。建立民办学校督导评估体系，对民办学校进行星级评估，推动学校规范办学、内涵发展，形成政府部门依法管理、社会中介组织评估监督、民办学校依法办学的新办法。如双流县在全市率先制定并实施的民办中小学、民办中职、民办幼儿园、民办教育培训机构四个督导评估标准，保障了受教育者受到良好的教育服务，为政府、教育行政部门和有关部门强化对民办教育的扶持和管理提供了可靠依据，积累了有益经验。武侯区根据《民办教育促进法》第四十条“教育行政部门及有关部门依法对民办学校实行督导，促进提高办学质量”，制定和印发了《成都市武侯区民办普通中小学办学水平星级评定办法（试行）》和《武侯区2009年民办普通中小学办学水平星级评估标准》，同时委托成都市教育评估事务所作为社会中介组织，在全市率先对区属办学三年以上的14所民办普通中小学进行办学水平综合评估。评估结果分为三星级、二星级、一星级、不合格四个等级；评估内容包括“管理体制和运行机制、队伍建设、教育教学管理、财产财务与管理、诚信办学、社会满意度”六项大指标，总分值为400分。每三年为一个周期。此项工作成绩显著，在《成都教育动态》（第十期）上进行了推广交流。

（三）品牌引领，优质覆盖

坚持“以质量求生存，以特色促发展”的民办教育发展之路，注重民办教育品牌的打造，充分发挥优质民办学校的骨干引领作用，互动互助，共享优质教育资源，不断提高优质民办教育资源覆盖率，促进民办学校规范化、优质化建设，提高办学效益和层次。

锦江区聚合力量塑造民办学校品牌工程。一是实施“区域学校品牌发展支持计划”，引导学校走特色兴校、品牌立校之路。二是采取公办民办学校“1+1”手拉手、幼儿园互助共同体等方式，积极构建全区公办、民办教育发展共同体，促进民办学校的品牌发展。三是为实现优质教育全域化，积极引进区域外的民办名校。近年来，成都七中嘉祥分校、川师大附属实验学校、成都艺博文艺培训学校、韦博培训学校、戴氏英语学校等一大批优质民办教育资源先后入驻锦江。其中，七中嘉祥自创校以来，在锦江区委、区政府的指导帮扶下，确立了“以生为本、以师为根”的办学宗旨和“办人本和谐之教育、创中华现代之名校”的办学目标，突出办学特色，精心塑造学校品牌工程，通过从借助“成都七中”、“成都七中育才”等优质教育品牌到发展自己的特色品牌“成都嘉祥”，走出了一条独特的品牌塑造之路，实现了从“借船出海”到“造船出海”的转变。

（四）建立行业自律制度，促进民办教育内涵发展

充分发挥民办教育协会的行业自律作用，定期召开民办教育协会会员代表大会，通过召开民办学校协会会议，传达相关文件精神，总结工作，就民办学校的热点问题进行研讨。如武侯区实行了民办学校季会制度；双流县成立了民办教育协会，并在经济较发达、民办学校相对较多的东升、华阳、中和、西航港、九江设立分会，充实调整了学历教育专业委员会、非学历教育（含技能培训）专业委员会、民办学前教育专业委员会、民办教育评审和理论研究委员会委员，修订和印发了各专业委员会工作职责；组织开展以规范、诚信为主题的各类交流、观摩、教学研究活动，建立《双流县民办学校诚信档案》，积极开展“双流县民办教育诚信学校”创建活动，在全省率先发表的《双流县民办教育诚信宣言》和向社会公布的民办学校诚信监督电话影响深远，好评不断。民办学校党建工作、教师继续教育、校长园长安全培训效果十分明显。

三、存在的问题和困难

（一）政府支持、鼓励和管理民办教育力度不够的问题

1. 民办教育相关法律、法规规定的有关优惠政策得不到落实

如成都市人民政府出台的八项优惠政策，凡与教育部门有关的都能够得到保障，但与其他一些部门（物价、国土、税务）相关的优惠措施就得不到落实。教育作为一项全民关注的事业，应该从各个方面给予充分的保证，才能得到进一步的发展。

2. 公共财政资源对义务教育段民办教育的补贴没有真正到位

目前我市义务教育段在民办学校就读的儿童并没有真正享受到《义务教育法》规定的权益。同时，目前我市各区（市）县在为农民工子女购买学位时，未按照当地实施义务教育的公办学校生均教育经费标准拨付相应的教育经费。

（二）民办与公办学校教师同等法律地位的问题

1. 民办教师企业身份造成师资不稳定

在法律实践过程中，民办学校教师实际享有的权利与公办学校教师相比也有很大差距。其中，一个争议最大、最关键的问题是民办学校教师的社会保险问题，而社会保险问题突出体现在养老保险方面。

我国公办学校教师实行事业养老保险制度，而民办学校教师的养老保险应该实行哪种制度，在有关的法律法规中并没有明确规定。《民办教育促进法》规定，“民办学校应

当依法保障教职工的工资、福利待遇，并为教职工缴纳社会保险费”，但并没有规定应该按哪种制度缴纳，是否与公办学校教师相同。而劳动部门规定，民办学校教师应执行企业职工基本养老保险制度。企业和事业单位养老保险差别很大：一是费率不一样，企业标准中个人所缴部分明显高于事业单位；二是教师退休后保险金的计发数额差距较大，由于企业和事业养老保险的构成与计发办法不同，所以教师退休后养老保险金的计发数额差别较大。由于事业与企业保险制度在费率和计发数额方面差别很大，所以民办学校教师养老保险备受关注，已经成为影响民办教师队伍稳定，进而影响民办教育健康发展的关键问题。

2. 绩效工资加剧教师流失

按国务院常务会议发布的关于义务教育学校实施绩效工资的指导意见，义务教育学校正式工作人员实施绩效工资，义务教育教师平均工资水平不低于当地公务员平均工资水平，对义务教育阶段学校离退休人员发放生活补贴。在实施绩效工资的大背景下，以往靠高收入吸引优秀老师的民办学校，优势也在逐渐缩小，造成教师队伍不稳定，优秀教师流失。

3. 公办和民办教师在培训、职称评定等环节上的差距

目前民办学校的干部、教师流动和双向衔接问题还没有得到很好解决，教师资格认证、户口、迁移、住房、职称评审、表彰奖励等还没有享受到与公办教师完全相同的待遇。民办学校的学生在参加先进评选等方面也受到不公正待遇。

不管是刚刚起步的还是有一定历史的民办学校，师资问题总是摆在其面前的头等大事。民办学校自己培养的优秀教师难以久留，整天被教师队伍的稳定问题所困扰，让民办学校校长们感到疲惫不堪。因为没有相应的生活保障可依赖，没有优越的事业前景可展望，民办教师也成了“流水的兵”。在调研中，有的校长无奈地表示：“随着公办学校的扩张，我们从大学里招聘来的一些老师、一些花了不少力气才培养出来的优秀教师都选择了流向公办学校。”

（三）落实民办学校法人财产权的问题

随着民办学校外部环境的变化和办学规模的扩大，民办学校逐渐从规模扩张阶段转向质量提高阶段，这一阶段的重要任务，就是加强民办学校的制度建设；对于民办学校而言，制度建设的核心是完善民办学校的法人财产权制度。我市目前大多数民办学校办学多年来，其资产仍在举办者名下，民办学校犹如一个“空壳”法人，对民办学校稳定发展非常不利。

（四）民办学校的收费规范问题

按照国家有关法律法规规定，民办学历学校收费实行审批制，非学历学校实行备案制，民办学校学生的退费根据有关规定或双方的协议退还相应费用。目前民办学校收费的矛盾主要集中在学生因退学、转学或者其他原因离开学校后的退费纠纷上，有关职能部门管理措施尚未出台。

（五）民办学校的办学风险防范

民办教育的发展中经常出现经营不善、资不抵债、举办者恶意抽逃出资或挪用办学经费等办学风险，严重损害教师和学生的权益，影响社会稳定。目前我市部分区县教育局在管理中收取了少量的风险保证金用来处理善后工作，但没有从根本上解决民办学校的办学风险防范问题。

（六）民办非学历培训机构审批和管理未实行统筹管理

民办非学历培训机构审批和管理全部由各区（市）县负责，由于长期以来全省、全市对这类学校没有统一的设置标准和明确的管理办法，造成了各区县的政策有松有紧，管理水平有高有低，发展很不均衡。无证办学、虚假宣传、学费纠纷等情况时有发生，在管理中需要协调民政、工商、物价、公安、城管等部门，管理工作难度较大。

（七）民办教育投资者、管理者、教师素质有待进一步提高

很多民办教育机构投资者是教师或退休教师，还有更多的是非师范专业的人员，对教育的认识、研究不深，缺乏前瞻性；民办学校的法定代表人、校长、师资等方面也存在自身素质不高、政策性不强、教育设备落后、管理水平低等现象，还需进一步加强学习和提高。大部分农民工子弟学校教师队伍一般由公办学校的退休教师、原来村小清退的民办教师、近年毕业的大学生组成，他们往往学历低、职称低（有些没有职称），接受专业培训少，专业素质偏低，流动性强。

（八）办学水平和办学质量参差不齐

我市民办普通中小学办学水平和质量发展很不平衡，绝大多数民工子女学校在办学条件、教育质量、教师待遇等方面差距较大，办学质量难以保障。

民办民工子弟校生源不稳定、流动性强，办学稳定性差。由于农民工工作流动性强，本身受教育的水平低，对子女受教育情况关注度不高，导致子女入学的流动性强。据调查，小学 1~6 年级都在同一所民办农民工子弟学校就读的学生仅占 45%左右；完全在同一民办农民工子弟学校完成“九义”学业的也仅占 20%。教师待遇低、专业素质低，流动性强，教师队伍稳定性差。低投入，低成本，管理水平低，教育教学设施设备落后甚至缺乏，教育、教学管理水平与公办学校比较差距明显。一些民办农民工子弟校一直低投入、低成本运作，导致人员费用低、人员素质低、工作质量低、管理水平低，存在较大的安全隐患。

部分中等职业学校开办时举办者投入少、实习实训设施较差、学费标准低、办学实力和效益不高、生源情况不理想；随着公办职教资源的扩大，生存发展的竞争压力加大；部分学校办学行为不规范，在教学时间、实习安排上未按国家规定完成，常规管理不到位；学校办学场地频繁搬迁，管理难度较大；部分学校招生中流行的“招生回扣”等潜规则，增加了办学成本；出现降低质量、违规跨年度收费保运转等违规行为。

四、民办教育发展的对策措施建议

（一）建立和完善民办教育资助制度

1. 对民办学校进行财政资助

政府资助民办教育发展的政策，可主要体现为如下方面：一是由政府免费或低价向民办学校提供建校场地，场地产权仍归国家所有，学校停办后国家收回场地。二是在民办学校建校初期，由政府拨付建校启动经费。三是由政府向办学条件较差的民办学校无偿或适度有偿提供教学所需的仪器设备和图书资料，确保民办学校教学活动的有序进行。四是坚持效率原则和绩效标准，由政府给予部分学校以一定比例的直接财政拨款。具体措施：

（1）建立政府购买服务和教育经费补贴机制。加大对民办学校的奖励与扶持制度。比照公办学校生均经费标准，给予民办学校资助，使民办学校的学生与公办学校的学生享有同样的权利。帮助一些民办学校解决经费不足、生源不足的难题。在贫困家庭学生国家助学贷款制度上，对成绩优异的学生给予国家相应的奖学金、助学金。

（2）进一步做大、用活民办教育政府专项资金。确保民办教育发展专项资金按一定比例逐年增长。民办教育政府专项基金用于对办学绩效显著、具有相当发展潜力的民办学校实施重点扶持，同时支持民办学校进行课程改革、教学科研和教师专业化发展。

（3）分类落实民办学校税收优惠政策。在税收问题上要严格执行《民办教育促进法》及其实施条例关于不要求取得合理回报的民办学校享受公办学校同等税收优惠的规定，同时对于要求取得合理回报的民办学校也应该制定最为优惠的税收政策，从《民办教育促进法》将“合理回报”定性为鼓励与扶持措施的用意出发，不对要求取得合理回报的民办学校征收企业所得税，而只需要征收个人所得税即可，努力减轻民办学校办学成本，最大限度地鼓励民间资金投资教育。让民办学校与公办学校同样享有营业税、耕地占用税、城镇土地使用税、房产税、车船使用税、水电气费等方面的优惠。

（4）试点推行教育凭证制度。政府为每位学龄儿童提供折价券一张，家长凭此券可为其子女在不同的公办、民办学校中进行选择，以最大限度地适应其子女发展成长的需要。学生以教育凭证自主选择在公办或民办学校就读，并抵偿所需交纳的学费，学校则通过与政府部门折价兑换，从而获得政府的财政资助。

2. 对民办学校进行教育教学管理资助

（1）实行“支管”、“支教”制度。组织公办学校干部、教师对民办学校有计划地开展“支管”、“支教”活动，提升管理层次、优化教师队伍，提高教育、教学质量；强化民办学校的专项教研、科研和师培工作。

（2）保障民办学校在选择招生范围和招生方式上的办学自主权。按照《民办教育促进法》相关规定，在招生范围上，要打破以任何借口实施的行政垄断，最大限度消除民办学校在招生过程中面临的市场壁垒。在招生方式上，特别是对实施义务教育的民办学校，应该允许采取考试等录取方式，而不以公办学校为标准限制民办学校的选拔式录取方式。

（二）建立民办与公办学校教师同等法律地位的保障机制

1. 深化教育人事制度改革

建立面向市场的教师管理机制，为确保民办、公办学校教师合理流动提供制度保证。要改革教育行政主管部门对公办学校教师的“统管统用”制度，把教师由“学校人”逐步转变为“社会人”，建立起真正面向市场的教师管理机制，从根本上消除民办、公办学校教师的人为界限，为教师在公办、民办学校间合理流动铺平道路。

2. 重点研究解决民办学校教师的养老保险等问题

尽快明确民办学校事业法人身份。依据有关法律法规精神，将民办学校确立为自收自支事业单位；将民办学校与公办学校教师的身份相统一。将民办教师队伍管理纳入到公办师资队伍中，促进民办学校教师队伍整体素质的提升。在资格认定、职称评定等方面，与公办学校同等对待。

（三）建立民办学校风险保证金制度

开办民办学校必须设立风险保证金，保证民办学校在面临财务危机和破产清算时，能够有应急资金维持学校正常运作。风险保证金是民办学校用于处理意外事故或其他突发事件所需的储备资金，设立风险保证金的目的是降低民办学校办学风险。风险保证金属于民办学校所有，由审批机关负责管理。动用风险保证金时，民办学校应当提出申请，报审批机关核准后方可使用。

（四）构建民办教育机构诚信机制

采取学校分配程序规范化、产权制度明晰化、法人治理结构规范化、信用制度体系化、政府行为诚信化、教师诚信档案等制度性措施来构建民办教育机构的诚信制度，保证民办教育事业健康稳定地发展。

（五）完善非学历民办教育培训机构管理机制

建立和完善成都市民办非学历教育培训机构设置标准和成都市民办非学历教育培训机构管理实施细则，对此类培训机构的申办审批、变更与终止、招生与广告宣传、增设教学点、收费、年检等予以规范。

（供稿：成都市教育科学研究院 陈进）

教育均衡化：2010年举措与成效

成都市作为全国统筹城乡教育综合配套改革试验区，2010年，遵循城乡统筹、“四位一体”科学发展的总体战略和世界现代田园城市的历史定位及长远目标，坚持教育公平，以统筹城乡教育综合改革试验区建设为载体，以优质教育资源的城乡交流共享为抓手，以“教育体制机制改革创新”为根本举措，联动推进成都教育“均衡化、现代化和国际化”发展，初步构建了城乡教育一体化发展新格局，促进教育均衡发展取得重要进展，基本实现城乡公共教育服务均等化。

一、我市统筹推进城乡教育均衡发展取得明显成效

（一）农村优质学前教育资源逐步增加

全市已建成68个农村镇（乡、街道）标准化中心幼儿园。通过“名园+新园”、“名园+民园”、“名园+弱园”和“名园+农村园”等多种形式，推动了学前教育优质资源共享。为有效缓解“入园难、入园贵”的问题，拟订了《成都市政府关于大力发展学前教育的意见》，经市政府审定后已下发。

（二）义务教育得到优质均衡发展

2010年，全市小学入学率100%、初中毕业生升学率95.16%、初中适龄儿童入学率99.77%。全面实施素质教育，将课程改革作为“内涵发展”的重要抓手，开展“十万教师大比武”活动，着力提高课堂质量和效益。深入开展“阳光体育”活动、“国学经典诵读”活动等，不断提高学生综合素质。为适应户籍改革，形成了《关于义务教育阶段学生按户籍所在地就近入学的实施意见》。据《中国新型城市化报告2010》中的《成都城市圈层结构分析与城市化成本计算》，我市一二三圈层初中入学率的差异很小，依次分别为100%、99.8%和99.2%——这意味着我市在义务教育阶段基本实现了教育机会的均等。

（三）普通高中办学效益显著提高

全面启动高中新课程改革工作。优质普通高中招生规模扩大，各级示范学校就读的

普高学生比例进一步提高，四中、七中新校区建成投入使用，树德外语学校校区建设进展顺利。

（四）职教攻坚取得阶段性成果

2010年，全市中等职业学校招生9.86万人，职普比达到5.8∶4.2，毕业生就业率达到98%以上。占地500余亩的成都市工业职业技术学校将投入使用。6所中职学校成功申报国家中等职业教育改革发展示范学校，2所农村学校创建为国家级重点中等职业学校，全市已建成专业实训基地68个。9个专业职教集团优势显现，"以城带乡、城乡互动、城乡一体"的职业教育发展新机制基本建立。

（五）高等教育质量不断提升，社区教育体系逐步完善

启动了省级示范性高等职业院校建设单位申报工作。成职院顺利通过2010年度省级示范性高等职业院校评估。启动特色专业及精品课程建设工作，首批启动4个市级特色专业、20个精品课程的建设工作。农民集中居住新区全部成立社区教育工作站。全市社区教育培训450万余人次，部分区（市）县社区教育专项经费已经超过人均2元的标准。

（六）教育信息化促进教育现代化

成都教育城域网顺利开通，通过光纤接入教育城域网的学校已达到91.2%，市、区、校三级资源共建共享交换平台已基本完成，促进了优质教育资源的城乡共用共享。全市教育现代化工作正有序推进，9个区（市）县经评估已达到标准。

二、统筹推进城乡教育均衡发展的主要举措

（一）实施"市域统筹"项目，强化办学条件城乡均衡配置

2010年，市级财政已分期投入4 000万元用于农村标准化中心幼儿园建设，77个农村乡镇（街道）已建成农村标准化中心幼儿园；中小学校校舍安全工程已开工1 481个项目，完成1 353个；193所义务教育阶段薄弱学校的硬件改造任务，进入扶持薄弱学校软件提升阶段；全市已建成职教专业实训基地68个，400名教师被认定为"双师型"教师；教育信息化工程建设加快，全市中小学生机比达到14∶1，师机比2∶1，多媒体系统到班达到4∶1，校园网已覆盖全市80%的普通中小学，全市所有学校（单位）全面接入教育城域专网。

（二）完善"城乡交流"制度，深化教师资源的城乡均衡配置

2010年，5个郊区（市）县签约30名"农村学校教育硕士师资培养计划"优秀毕业生到农村学校任教，招收30名免费师范生，"常青树名优退休教师下乡兴教计划"遴选出首批24名名优退休教师，派往灾区及三圈层农村学校任学监、导师和把关教师。全市义务教育段县域内交流干部365名，占应交流干部总数的18.1%，交流教师5 288名，占应交流教师总数的13.37%。从2010年起，每年从城区选拔40名校长到农村学

校任职3年，从农村学校选拔40名后备干部到城区挂职锻炼1年。151名学校干部跨区域交流，教师跨区域交流330名。

（三）建立“全员参与”机制，提升农村教师专业水平

2010年，4 595名教师按规定完成学历提升，市级对每位完成学历提升的农村教师给予600元奖励，14个郊区（市）县的2 036名教师参加了“中小学教师国家级培训计划”，77名骨干教师参加了国家级骨干教师培训，160名灾区教师参加了省级灾区教师培训，4 514名市级骨干教师参加了市级培训。送教下乡，为4个重灾区培训教师2 122人。全市高一6 500多名教师进行了“标准统一”的课改全员合格培训。10万余教师全员参与、全程参加了“十万教师大比武”活动。

（四）深化“教育公平”机制，高度关注弱势群体

2010年，全市资助城乡低保家庭学生及特殊困难家庭学生15.3万人次，资助总额2 258.1万元，中职类专项资助18.8万人次，资助总额20 738万元，审核批准发放高教生源地信用助学贷款学生1 848人；2010年，在我市接受义务教育的外来流动人口子女26.9万人，占全市义务教育阶段学生总数的23.19%，其中，农村进城务工劳动者子女19.4万人（其中享受市民待遇的13.3万人），在613所义务教育阶段学校就读。

（五）深化“区域合作”机制，借力发展和提升灾后教育水平

深化灾区与援建省市教育的合作，2010年，上海市19个区（县）的32所学校与都江堰市19个乡镇的51所中小学、幼儿园结对，福建省17所优秀学校与16所彭州学校签订了“手拉手”交流合作协议，重庆市与崇州市的10所学校（幼儿园）开展两地学校“一对一”牵手结对活动。推进“市市合作”机制，深化与宁波的教育合作，与上海市教委签订成人教育合作交流协议，12名中职学校校长到上海、宁波中职名校挂职学习；深化与成都经济圈的雅安市、资阳市的区域合作，接收两市学校交流挂职干部70余人。

（六）健全“城乡互动”机制，推动城乡教育管理体制改革

深化“全域覆盖”的优质教育资源满覆盖机制，2010年，组建各类名校集团148个，130所城区学校与169所农村学校深度结对，40对跨区域结对学校建成远程互动授课及听课教室，全市7 175名名师和骨干教师与8 819名农村教师、青年教师结为师徒，以9个专业职教集团为纽带，优化资源配置，建立起“以城带乡、城乡互动、城乡一体”的职业教育发展新机制。

三、以保障和督促教育公平为核心，进一步完善机制

2010年，我国全面启动了教育体制改革试点工作，我市被教育部确定为“推进义务教育均衡发展，多种途径解决择校问题的试点地区”之一。我市提出推进城乡教育一体化、促进“全域成都”教育优质均衡发展改革试点的总体目标是：提升城乡教育一体化

实现度和城乡教育均衡度，有效治理和解决“择校热”、城市义务教育阶段“大班额”等热点难点问题，使教育公平度和老百姓满意度有效提升，并基本形成城乡教育一体化的有效途径和有效模式，基本建立体制机制等保障体系。

为了使改革试点工作有序展开，成都市政府将试点项目贯穿于城市中长期教育改革和发展规划之中，与规划同步推进。2010 年，主要是总结近年来的工作，启动改革试点工作，细化实施方案。2011—2015 年，开始第二阶段工作，不断探索建立和完善机制。2016—2019 年，总结第二阶段工作，基本完善改革体制机制，基本形成改革模式。2020 年，全面完成试点任务，总结经验，确定新的改革目标。

为了保证改革试点工作的顺利展开，我市成立了教育体制改革领导小组，加强城乡教育一体化工作的领导和协调，并不断完善地方教育法规和政策，建立健全与统筹城乡教育综合改革试验区相适应、与推进城乡教育一体化相适应的政策保障体系。

为了做好“推进义务教育均衡发展，多种途径解决择校问题”试点工作，我市已经出台了 6 项改革措施：①深入推进教育规划城乡一体化。按照“幼儿园小学就近、初中进镇、高中进城”的原则，优化城乡教育布局结构。统筹建设好特殊学校，满足残疾学生接受教育的需求。②深入推进办学条件城乡一体化。按标准配备教学设施、技术装备，大幅度改善灾区学校办学条件。③深入推进教育经费城乡一体化。依法确保教育经费的“三个增长”。不断加大对农村教育转移支付的力度，逐年提高城乡学校公用经费。④深入推进教师队伍建设城乡一体化。完善了有利于城乡教师合理流动和均衡配置的“县管校用”工作机制。⑤深入推进教育质量城乡一体化。改进学生综合素质评价办法和中考招生制度，建立和完善教育质量评价和监测机制。⑥深入推进教育评估标准城乡一体化。逐年开展义务教育校际均衡监测，强化政府推进义务教育均衡发展的责任。制定统一的区（市）县域教育现代化指标体系和评估办法，全面提升城乡教育一体化的水平。

为了切实执行好已经确定的 6 项改革措施，我市还确立了两项配套政策：①制定和落实县域内教育资源均衡配置的办法，夯实“全域成都”教育均衡发展基础；制定义务教育阶段学生按户籍所在地就近入学公平就学的办法，有效控制“择校热”，促进教育公平。②确定一批市级试点项目，破解县域教育难题，促进县域教育特色发展，为全市的教育体制机制改革探索区域性经验。

为了做好改革试点工作，成都市政府还进行了风险分析，制定了应对预案。对可能弱化县级政府办教育的责任心，采取了清晰市级和县级的职能，前期主要运用柔性政策、手段进行调控和统筹，待时机成熟，逐步增大刚性调控力度的应对措施。针对城乡教育一体化可能导致“削峰填谷”、“一体化即同质化、均衡即平庸”等现象，强化研究和培训，更新观念，树立先进的理念，注重科学规划，保持政策的严密性和延续性，加大对执行过程的监督力度。

2008 年，我市建立了义务教育均衡监测机制。通过监测制度的实施，掌握义务教育城乡学校差距及差距变化趋势，及时发现典型弱势学校及其弱势的方面，提出干预措施或预警，指导各级政府科学制定缩小校际差距的办法和措施，促进政府工作重心向薄弱学校倾斜，合理配置公共教育资源。

建立“以城带乡、城乡互动”机制。一是创新城乡学校结对的基本模式，实现城乡学校人、财、物有效交流；二是创新城区师资下派的强化模式，城区和城镇学校教师到农村学校定期服务；三是创新一体化“捆绑”推进模式，在管理、教学、考评等方面实现城乡学校真正意义上的一体化；四是创新优质教育资源扩大模式，充分发挥名校的优势和品牌效应，组建以名校为龙头的教育集团；五是创新城乡联动整合模式，通过百校下乡、千校联盟，使联盟学校在学校管理、队伍建设、教育科研、学生活动、学校文化等方面互动交流、相互学习、共同提高。

通过不断地探索与实践，2010年我市统筹城乡教育均衡发展取得了新的成效，城乡教育一体化实现度和老百姓满意度不断提高。成都教育将按照“全域成都”的理念和建设世界现代田园城市的要求，运用统筹城乡的思路和办法，深入实施“一体化、现代化、国际化”的教育发展战略，不断丰富城乡教育一体化的内涵，率先在中西部地区基本实现教育现代化。加快教育国际化进程，全面提升城乡教育均衡发展水平，努力把成都建设成为环境佳、水平高、质量好的教育高地。

（供稿：成都市教育科学研究院　陈进）

教育国际化：2010 年举措与进展

教育国际化是现代教育的重要发展趋势之一。目前成都正处于由率先建成全面小康社会跨入基本实现现代化的新的发展阶段，要实现市委、市政府提出的率先基本实现现代化的总体目标，就必须把提高成都城市国际化程度、加快融入国际城市体系作为一项重要任务切实加以推进。全面推进教育国际化是成都教育未来发展的必然趋势，也是成都经济社会保持全面快速健康发展的强大动力。

2010 年，在市委、市政府的领导下，按照“全域成都”的理念和建设世界现代田园城市的要求，以国际化人才培养为主线，以教育资源的国际共享为抓手，以体制机制创新为动力，积极开展“双语”师资培训，努力拓展国内外教育服务贸易，加强国际学校建设，成都教育在“均衡化、现代化、国际化”的发展战略指导下，正积极地推进教育国际化。

一、成都教育国际化的主要情况

2010 年，随着成都市教育国际交流与合作的不断深入，与国外教育行政部门和高校建立合作与交流关系的数量不断增多，境外培训、修学和交流，接待国外学生来访的人次都有较大增长，教育服务城市现代化、国际化的能力和水平有了较大提升。

（一）与国外教育行政部门建立合作关系

成都市教育局积极接洽有关驻华使领馆、法国教育部、新加坡教育部，以及英国、法国、日本、澳大利亚、俄罗斯等友城教育部门，并先后与英国谢菲尔德市、澳大利亚悉尼市、法国蒙彼利埃市签署了教育合作协议，并开展多项教育交流合作。成都市结盟的友城教育局数量从 1999 年的 1 个（日本甲府市教育局）增至现在的 5 个，结盟范围也从亚洲拓展到了欧洲和大洋洲。目前成都市教育局已成立了成都市教育国际交流服务中心，全方位地开展教育国际交流活动。

（二）与境外友好学校结对

随着城乡基础教育均衡化、城市教育现代化的发展，成都市政府也对推进基础教育国际化、主动回应百姓需求有了强烈的愿望，并且积极进行相关探索，教育国际化的理念逐步融入到学校的教育和学习过程中。

2010年成都市共有70所学校与来自14个国家和地区的140所学校建立友好关系，比上年同期增长了34所（32.1%）。

截至2010年，成都市66%的公办中小学与境外学校建立友好学校，接待境外1 200人次来访，1 000余名师生参加各种形式的境外访学，接受200余名境外学生入学，涉及19个国家和地区。成都市学校参与的国际交流项目达到50余个，15余名教师正在美国、英国担任教学指导，进行汉语和中国文化的传播。（见表1）

表1　友好学校统计表

区域	学校名称	友好学校全名（部分含英文名称）	结对时间	开展的交流活动项目	互派师生次数及人数
青羊区	11中	德国亚琛市安娜法兰克高级文理中学	2009.4	师生交流互访	2次，26人
	泡桐树小学	英国谢菲尔德郡贝克小学	2010.5	课程共建	
	树德实验中学	瑞士雷蒙国际学校	2010.5	师生交流互访	2次，11人
	青羊实验中学	新加坡华义中学	2010.9		
成华区	成都华西中学	法国穆雷市南比区路易莎·宝兰中学	2001.6	足球运动队互访	2次，36人
	成都华西中学	斯洛文尼亚纽比南市GIMNALA BEZIGRAD中学	2001.1	校长出访	2次，2人
	成都华西中学	英国贝尔瓦中学（Belvoir High School）	2009.5	两校学生电子小报交流	2次，6人
	电子科技大学附属实验小学	英国谢菲尔德高中（Sheffield High School）	2010.5.20	1.两校教师交流（通过电子邮件）；2.两校学生交流（通过电子邮件）；3.英语、音乐教学交流（包括校歌、节日、风俗习惯等）	
	列五中学	美国撒帕尔帕公立高中（Sapulpa High School）	2002.9.19	互派师生学习交流	6次
	成都市熊猫路小学	香港清水湾小学（Clearwater Bay School in Hong Kong）	2010.5	两校师生通过保护动物的主题活动进行交流	

表1(续)

区域	学校名称	友好学校全名（部分含英文名称）	结对时间	开展的交流活动项目	互派师生次数及人数
锦江区	四川师大附中	英国 Leicestershire Catholic Science School	2009.5.22	互派教师交流	1次,1人
	成都市盐道街中学	英国万圣天主教中学（All Saints Catholic High School）	2010.5.19	结为友好学校	1次,1人
	成师附小	英国莱特斯郡希尔托普小学（Hilltop Primary School）	2002.3	学校德育特色活动交流	2次,2人
	成师附小	莱斯特郡的西格雷夫小学（Colin Primary School）	2009.5	学校德育特色活动交流	1次,2人
	成师附小	美国西格雷夫小学（Seagrave Primary School）	2010	学校德育特色活动交流	1次,2人
	成师附小	英国友好学校（The Orchard School）	2010.11.1	学校特色活动交流	1次,1人
	成都市盐道街小学	瑞士雷蒙国际学校	2010.5.26	管理协作、课程借鉴、教师互访、活动共办、学生访校	2次,4人
青白江区	大弯小学	英国谢菲尔德市哈特利·布瑞克小学校（Hartley Brook Primary School,UK）	2010.5.20	友好访问	1次英方高级教师1人（友好访问）
	大弯中学	印度尼西亚棉兰市第一公立高中（SMA 1 MEDON Indonesia）	2010.7.4	友好访问	1次印度尼西亚师生14人（友好访问）
大邑县	大邑县北街小学	新加坡华民小学		教师、学生文化、教学资源交流	各1次教师2人学生26人
	大邑县北街小学	马来西亚文化小学		教师、学生文化、教学资源交流	各1次教师2人学生26人
	大邑蔡场·中新友谊小学	新加坡养正小学（Yangzheng Primary School）	2009.10.17	师生互访	3次共计26人
	大邑中学	拟结对：新加坡云海中学（Coral Secondary School）	拟结对时间2011.1.25	商讨结对和互访事宜	新方1次4人；我方定于元月回访，师生27人

表1(续)

区域	学校名称	友好学校全名（部分含英文名称）	结对时间	开展的交流活动项目	互派师生次数及人数
郫县	郫县一中	日本航空学院	2010.3	师生交流互访	郫县一中派3人留学交流
		英国谢菲尔德弗斯公园社区艺术学院（Firth Park Community Arts College）	2010.5.21	教学交流	该校校长1人到郫县一中交流
	郫筒小学	英国谢菲尔德坎特伯雷学校（St Thomas of Canterbury Catholic Primary School）	2010.5.21	教学交流	该校校长1人到郫筒小学交流
双流县	棠湖中学	美国阿肯色理工大学（Arkansas Tech University）	2009.3	文化交流活动	3次,34人
		香港优才书院（G. T. College）	2009.12	签订友好协议书	1次,3人
	双流县中学	德国威利勃兰特中学（Willy Brandt）			
	黄龙溪学校	英国塔格比小学	2010.5.20	校长特雷弗·莱特到校参观,并交流学校管理、校园文化建设	校长特雷弗·莱特到我校活动两天
	华阳中学	英国国立高中贝豪斯中学（Bay House School）	2010.4.2	教师交流,互派学生短期学习等	贝豪斯中学校长英波特两次来华阳中学
	双流中学实验学校	英国伍斯特郡海布里奇中学及六级学院（Haybridge High School and Sixth Form）	2007.1	1.5名英语教师去该校执教汉语;2.共建课题“环境可持续发展”;3.网页设计大赛;4.视频交流	9次共计30余人
		德国威利·勃兰特中学		文化交流包括语言、书法、自然科学、体育等	7次共计130余人
	棠湖中学外语实验学校	Gould Academy	2009	1.教学;2.参观;3.文化考察	36人次

表1(续)

区域	学校名称	友好学校全名（部分含英文名称）	结对时间	开展的交流活动项目	互派师生次数及人数
新津县	新津中学	美国科罗拉多州丹佛市察帕诺高级中学（Chaparral High School）	2005.3	师生互派交流学习	4次，共计119人
	新津中学外国语实验学校	美国察帕诺高中（Chaparral High School）	2006.9	每年寒假，我校师生赴美交流一个月。暑假期间，美方师生到校交流一个月	
		日本航空学院	2009.5	输送中方学生赴日留学	1次，8人
	新津县普兴中学	英国拉特兰市凯斯特顿商企学校（Casterton Business and Enterprise College）	2010.5.20	5月18日至20日英方校长到校访问，双方结成友好学校并签署谅解备忘录	暂未开展师生互访活动
	新津县普兴小学	英国拉特兰市伊迪斯韦斯顿小学（Edith Weston Primary School）	2010.5.20	5月18日至20日英方校长到校访问，双方结成友好学校并签署谅解备忘录	暂未开展师生互访活动
	新津县华润小学	英国拉特兰市兰厄姆教会小学（Langham Primary School）	2010.5.20	5月18日至20日英方校长到校访问，双方结成友好学校并签署谅解备忘录	暂未开展师生互访活动
	新津县邓双中学	英国拉特兰市利菲尔德小学（Leighfield Primary School）	2010.5.20	5月18日至20日英方校长到校访问，双方结成友好学校并签署谅解备忘录	暂未开展师生互访活动
	新津县万和小学	英国拉特兰市阿宾汉姆教会小学（Uppingham Church of England Primary School）	2010.5.20	5月18日至20日英方校长到校访问，双方结成友好学校并签署谅解备忘录	暂未开展师生互访活动
	新津县华润初级中学	英国拉特兰市阿宾汉姆社区学校（Uppingham Community College）	2010.5.20	5月18日至20日英方校长到校访问，双方结成友好学校并签署谅解备忘录	暂未开展师生互访活动

表1(续)

区域	学校名称	友好学校全名（部分含英文名称）	结对时间	开展的交流活动项目	互派师生次数及人数
	电子科技大学附属实验小学	英国谢菲尔德高中（Sheffield High School）	2010.5.20	1.两校教师交流（通过电子邮件）;2.两校学生交流（通过电子邮件）;3.英语、音乐教学交流（包括校歌、节日、风俗习惯等）	
	树德中学	美国亚利桑那州菲尼克斯市中央高中(Central High School, Phoenix, Arizona, USA)	2001.4	互派师生访问	美国:1次,5人;中国:1次,8人
		美国蒙大拿州密苏拉市黑尔盖特中学（Hellgate High School, Missoula, Montana, USA）	2004.4	互派师生访问	中国:1次,11人
		德国波恩市博伊尔中学（Integrierte Gesamtschule Bonn－Beuel, Germany）	2003.12	互派师生访问	德国:1次,7人
		英国谢菲尔德女子中学（Sheffield High School, Sheffield, UK）	2008.4	互派师生访问	中国:1次,10人
	成都美视国际学校	加拿大哥伦比亚国际学院（Columbia International College of Canada）	2006	中加班高中课程实验	100人左右

（三）中外合作办学

成都市共13所小学和1所事业单位设有国际部，1所市属高校设有国际教育学院。成都市共11所学校和市属高校与境外学校、教育机构合作了23个办学项目（见表2）。此外，石室中学已同美国俄克拉荷马州友好学校商定开设成都市在海外的第一个孔子课堂，成都列五中学被中国教育学会命名为“中美高中生交流基地学校”，成都市工业学校也正积极引进“奥地利政府优惠贷款项目”（与奥地利奥刚联MCE工业集团公司亚太区总裁已签订意向性合作备忘录），成都电大与美中协会（美国高校联盟）已初步达成合作意向。

表2　合作办学项目表

学校	合作办学项目
成都石室中学	与狄邦教育集团合办剑桥国际高中课程实验班 中新（新西兰）友好实验班 美加留学预备班 赴德留学项目

表2(续)

学校	合作办学项目
成都七中	与美国 KAPLAN 教育集团在成都的分支机构成都楷博专修学校共建留学预备课程教学基地
成都树德中学	1. 美国 GAC 国际预科 2. 澳大利亚 VCE 国际高中（双文凭教学项目） 3. 美国名校直达班 4. 澳大利亚黑利伯瑞学校顶级班
成都市工业学校	1. 2007 年 10 月与德国威斯巴登行业协会合作启动“中德汽车专业职业教育合作与交流”项目 2. 1992 年成为中国加拿大高中后职业技术教育“CBE/DACUM 方法的项目学校”。先后选派了十余名教师赴加培训；加方多次选派专家到校培训，并遴选了两批加拿大籍学生到校交流学习
成都市公交职中	2003 年成为英国汽车工业协会（IMI）的中国授权认证中心，是中国目前唯一的 IMI 授权认证中心。2007 年成都市教育局组织全市中职学校汽车专业 24 名骨干教师到德国威斯巴登行业协会培训，该校 7 名汽车专业骨干教师获得了 IMI 的考评员资格
青苏职中	与新加坡理工大学合办青苏职中国际部（2+2 模式）
棠湖外语实验学校	与阿根廷洛马斯德萨摩拉国立大学 Vnlz 合办西语实验班
三原外国语学校	与加拿大伦敦国际学院合办中加 2+1 高中项目
成都农业科技职业学院	1. 与新加坡 PSB 学院合作办学项目 2. 与英国拉夫堡学院合作项目
成都职业技术学院	1. 美国 Aupair in America 海外交流项目 2. 法国雅高励志班项目 3. 法国雅高宜必思经理人才培训班项目 4. 2009 年 4 月成都职业技术学院雅高学院正式启动 2009 年与澳大利亚西澳中央 TAFE 学院、新加坡莎顿国际学校、新加坡旅游管理学院及星系国际教育集团、德国 BSK 大学联盟合作办学，并拟在英国谢菲尔德学院建立文化基地
成都大学	2002 年至 2009 年分别与新加坡管理学院合作开办工商管理、与澳大利亚科廷理工大学马来西亚分校合作开办商务英语两个专科层次的中外合作办学项目，招收学生 600 余人

在专设的外籍人士子女学校中，除成都爱思瑟国际学校于 2009 年获得教育部办学许可外，另外 3 所学校也在相继申报外籍人员子女学校资格，它们分别是：成都乐盟国际学校、成都美视外籍人员子女学校、成都伊顿国际学校。

成都市现有 4 所 IB（即国际文凭项目）成员学校：2005 年光亚学校经国际文凭组织 IBO 直接获准后，2009 年成都美视国际学校（IBO 直接获准）、树德中学和成都外国语学校（后两校经市、省教育部门同意后报 IBO 获准）也开设了 IB 课程，为成都市的中学生又开辟了一条直通海外名校的通道。

（四）国际交流与汉语推广

随着“中英校际连线”项目的正式启动，英国11个地区的110名中小学校长访问成都并与成都市各区市县教育行政部门缔结友好伙伴关系。2010年，加强了中英校际交流、中英课程建设等多方面的业务指导和交流，同时举办了“中英校际连线”培训；参加联合国教科文组织举办的“教育促进农村转型”国际研讨会，并作交流发言；接待31名英国中小学校长访华、日本甲府市师生交流团来蓉访问。

推动成都大学和石室中学分别在美设立孔子学院，筹办孔子课堂，其中石室中学受邀在国家汉办总结会上进行交流发言。以“打开全球视野，提炼世界精神”和“访谈高端，打造智库，推进成都教育国际化”为宗旨，举办两期“麓山国际大讲堂”，邀请国内外知名教育专家来蓉讲学。2005年至今，通过汉语言教学交流途径派出教师21人（次），通过中美友好学校的合作项目外派人员11名，通过汉办外派志愿者3名。（见表3）

表3　2010年度成都市各区大型涉外活动统计表

区域	活动名称	活动主办方	重要成果
青羊区	中英国际气候课堂教育论坛	英国大使馆中央教科所、成都市教育局、青羊区政府	30余所学校成为项目学校
	台湾地区学生天府夏令营		
	第二届新加坡—中国四川中小学校长论坛	新加坡教育部，四川省教育厅	友好学校互访及课程关键
成华区	2010年“汉语桥－英国中小学校长访华活动”	国家汉办、英国大使馆文化教育处、成都市教育局、成华区教育局	电子科大附小与英国谢菲尔德学校(Sheffield High School)缔结友好学校
	吴光平校长带领列五中学足球队赴美参加世界中学生运动会	教育部	荣获2010世界中学生足球比赛冠军
	应邀参加“联合国青年大会”	联合国青年大会组委会、联合国教科文组织、联合国新闻署	经中国教育学会推荐，在联合国青年大会中就中国川西文化的推广开展做了题为《非物质文化遗产传承从娃娃抓起》的发言
	英国贝尔瓦中学教师代表团学术交流	国家汉办、英国大使馆文化教育处、成都市教育局、成华区教育局	了解了中国文化及中国的教育发展现状，通过交流加深了双方的友谊，并希望进一步加强双方在学生、教师行政人员交流、学生夏令营、汉语教学、英语教学、师资培训等方面的合作
	接待格林威国际大熊猫志愿者援助团	英国格林威国际文化交流中心	交流中西方文化，关爱大熊猫，珍爱生命
	接待泰国莎蒂安通学校行政、教师代表团		交流办学思想，分享双语教育的经验

表3(续)

区域	活动名称	活动主办方	重要成果
锦江区	师大附中接待马来西亚国民型华文中学校长理事会访问团	市教育局外事处、市教育国际交流中心	交流座谈，互赠礼物
	锦江区教育国际化交流在师大附中举行	锦江区教育局推进办	专题讲座，交流座谈
	成都市盐道街中学参加2010"汉语桥—英国中小学校长访华之旅"活动	成都市教育局国际交流中心、英国大使馆	签订了友好合作备忘录、合作计划表，结为友好学校
	七中育才学校接待日本教育访问团	四川省教育厅	文化及教育理念交流
	七中育才学校接待美国弗吉尼亚大学硕士生访问团	四川省教育厅	教学教育交流
	七中育才学校接待新加坡安德逊中学访问团	四川省教育厅	招收国家级奖学金留学生
	成师附小参加中英校级连线项目	英国领事馆、英国莱特斯郡教育委员会、四川省政府、四川省教育厅	访问英国莱特斯郡中小学，深入了解英国基础教育，加强与英国友好学校的交流沟通，友好协商未来一年的合作计划，为增进双方友谊和落实教育合作的具体项目作出更多努力
	成师附小参加英国基础教育研修	中国教育学会	了解英国的小学至大学的教育情况
	成师附小参加教育应急减灾规划及管理	教育部国际合作与交流司	了解日本安全教育情况
	成师附小接待DRR项目情况考察团	联合国教科文组织驻京办事处	考察学校DRR项目进展情况
	成师附小接待中欧链接中心代表	中欧链接中心	经过初步协商，双方都希望在学校管理层、家长、老师和学生各相关层面实现沟通，促进老师、学生对中英文化的了解，促进双方在教育领域相互学习、共同进步
	成都市盐道街小学接待瑞士雷蒙国际学校校长Mark先生	成都市教育局	课程设置、教育理念交流，达成建立长期交流、合作的意向

表3(续)

区域	活动名称	活动主办方	重要成果
青白江区	2010“汉语桥—英国中小学校长访华之旅”	国家汉办/孔子学院总部、成都市教育国际交流中心	青白江区大弯小学与英国谢菲尔德市哈特利·布瑞克小学校签订了合作计划及友好合作备忘录
	2010 成都国际音乐周	成都市人民对外友好协会、成都市外事办	国外师生访问团来校参观；大弯中学、北大附中成都实验学校学生参加音乐周开幕式演出活动
	2010 暑假美国夏令营	北京为明教育集团国际部、北大附中成都实验学校	体验美国家庭生活，参观美国名校，学习美国 ESL 英语课程
大邑县	新加坡养正小学（Yangzheng Primary School）访问	大邑蔡场·中新友谊小学、新加坡养正小学（Yangzheng Primary School）	推介到成都和大邑旅游，课堂互动学术交流，下一步交流合作
	中新携手欢庆六一	大邑蔡场·中新友谊小学	爱心人士与师生欢庆六一，介绍大邑县特色学校建设成果
	新加坡“让爱川流不息”工作小组特刊采访	大邑蔡场·中新友谊小学	接受“让爱川流不息”工作小组特刊采访，宣传我校的教育教学成果
郫县	参观访问	郫县唐元中学	参观英国 BP 公司捐赠兴建的郫县唐元中学
	中英校际连线	郫筒小学	签署备忘录，缔结友好学校
	中英校际连线	郫县一中	签署备忘录，缔结友好学校
双流县	美国佛蒙特州“学生文化艺术团”到校进行文化交流活动	棠湖中学	促进中美文化艺术交流，增进学生对东西方文化的了解，拓宽学生视野
	德国威海姆法比瑞高级中学校长到校进行友好交流活动	棠湖中学	为两校以后的交流合作奠定基础
	棠湖中学与美国阿肯色理工大学开展文化交流活动	棠湖中学、美国阿肯色理工大学	加深两校的友谊，为学生发展搭建国际平台
	棠湖中学与美国麻省大学开展文化交流活动	棠湖中学、美国麻省大学	加深两校的友谊，为学生发展搭建国际平台
	回访英国友好学校	英国友好学校、双流中学实验学校	两校学生共建课题交流，取得了很好的效果

表3(续)

区域	活动名称	活动主办方	重要成果
双流县	华阳实小接待英国 Hallaton CE Primary 学校校长 Mrs Diane Riley	英国总领事馆文化教育处	与英国哈拉顿小学(Hallaton CE Primary)建立友好往来
	双流县中学接待俄国电子科技大学副校长兼外事处主任	双流中学	加深了两校之间的友谊,扩大了双方的合作
	棠湖小学参加中国香港地区第六届金紫荆大联欢音乐、舞蹈展	香港金紫荆大联欢组委会、香港国民教育中心	获银奖
	中国红十字总会、红十字会与红新月会国际联合会项目考察活动	县教育局、县红十字会、棠湖小学	对学校红十字站工作给予高度评价
	psp 社会心理支持项目游戏比赛	国际红十字会、国际红新月会、棠湖小学	关注学生心理健康,让孩子自信、快乐、开朗
新津县	冬令营	美国察帕诺高中	参加冬令营的 18 名师生提高了英语水平,感受了地道的美国文化,开阔了眼界
	夏令营	新津中学外国语实验学校	美方友好学校 29 名师生提高了汉语水平,感受了地道的中国文化,增进了两校间的友谊
	接收美国留学生	新津中学外国语实验学校	留学生 Brexton 通过跟班学习更深入地了解了中国文化,提高了汉语水平
	赴日留学	日本航空学园	输送了 7 名学生到日本航空学园就读高中(为期 3 年)
	中日友好学校互访	新津中学外国语实验学校	达成了两校开展国际航模赛事的意向性约定
电子科大	合作学校签约仪式	成都市教育局、成华区教育局	与英国谢非尔德高中成为友好合作学校
树德中学	IB 课程授权访问	树德中学国际部	通过访问考核,成为 IB 国际文凭组织预授权(开设 IB 课程)学校
	VCE 中国区峰会	树德中学国际部	开展 VCE 全国范围内的国际高中双语双文凭双学籍教学模式学术交流,探索适合中国学生的国际课程

（五）教师队伍国际化建设

与英领馆合作举办的首届“校长领导力”专题培训，邀请了英国北部领导力研究中心的总监、培训师等为成都市42名中小学校长进行了为期一周的集训，还组织了成都市首批3名中小学校长到新加坡中小学进行为期一个月的挂职学习，并邀请英国、美国的教育培训机构专家来成都，举办两期校（园）长培训班，开展幼儿园园长领导力提升培训，共培训校（园）长98人。

建立了全市外籍教师信息库，加强对全市中小学外籍教师的管理。将20名城乡学校骨干教师纳入国家对外汉语教师资源库。选派9名汉语教师赴欧洲和非洲相关国家开展汉语教学和推广工作。推荐的6名外籍教师荣获省优秀外籍教师称号。

（六）国际学校建设步伐加快

继爱思瑟国际学校获得教育部批准，成为四川省第一所获得办学许可的国际学校之后，由市政府投资1.8亿元、占地260亩，美国梅里塔斯国际教育集团举办的乐盟国际学校（成都）项目也取得实质性进展，双方正式签订“场地和房屋租赁协议”，申报工作正在加紧进行。

（七）高水平国际论坛成功举办

与联合国教科文组织国际机构、北师大、西南财大和都江堰市政府合作，成功举办以“教育灾后重建”为主题的首届“都江堰国际论坛”。包括来自23个国家和地区的14位联合国教科文组织和非政府国际组织代表、5位亚太地区国家教育部官员、6位欧美教育专家、6位我国有关部委司领导，以及35位清华、北大、北师大、上海交大、华中科技大学等国内著名高校及中国科学院等科研机构学者专家，极重灾区政府和援建省市代表共100多人参加了论坛。该次论坛提炼了成都教育灾后重建的国际经验，取得了多项成果，达成了六点共识。

由成都市教育局主办、成都商报社承办的“2010中国成都教育国际化论坛”以“国际化人才培养与国际合作”为主题，100多名来自美、英、法、新加坡等领事馆的教育官员、国内教育专家、中小学校长参加了论坛。通过论坛的成功举办，成都教育的国际影响力正逐步扩大。

二、面临的主要问题

当前，虽然教育国际化正有序推进，但我们仍清醒地认识到我们的教育国际化程度还处于起步阶段，与成都世界现代田园城市发展还不相适应，与沿海发达城市也有着不小的差距。主要存在以下问题：

一是政策缺失和管理真空。国家现有的法律法规和规范性文件多是针对高等院校的，涉及基础教育的极少，且发文时间集中在上世纪末至本世纪初。由于2003年颁布的《中华人民共和国中外合作办学条例》（国务院令372号）已失效，而新条例尚在酝酿中，导致教育部审批国际学校的工作止步不前。另外，成都市目前各类涉外教育活动的制度不甚健全，未与国际接轨，没有相应的政策文件，外籍教师引进和本地教师输出的审批手续繁琐、审批期限漫长，对外交流不畅；没有中外合作办学管理规范，成都市学校的附设国际部缺乏统一管理办法，基本处于放任状态，存在合作对象无序、地域交叉或重叠等现象。

二是教育国际化的层次需进一步提升。目前，成都教育国际化的方式主要是人员流动的国际化，还停留在比较低的层次。对于教育国际合作项目，比如国外的课程或教育项目的引进，更多的只是考虑经济利益，未能与国外教育进行对等交流；合作办学的学校数量和合作项目还不是很多；与国外知名及优质教育机构交流合作规模不大、方式较为单一；招收境外学生数量较少，中外学生交流活动尚未形成规模；选派到境外培训交流学习的干部和教师数量有待进一步增加。

三是在蓉高校和科研院所的优势还发挥不够。与部属、省属高校和科研院所之间的行政壁垒尚未完全打破，利用成都市有效的国际交流资源不够充分。

四是学校在国际交流中的主体地位有待加强。需要尊重和保障学校的办学自主权，积极调动学校推进教育国际化的积极性。政府负责宏观管理和政策引导，发挥社会中介机构和学校的主动性，使国际交流与合作取得实效。

三、2010年成都市推进教育国际化的主要举措

（一）注重政策导向，整体谋划教育国际化基本策略与途径

2010年，成都市深入开展教育对外合作与交流的现状调研，找到了提升成都教育国际化水平存在的困难及推进策略和措施。在“成都教育国际化现状与对策”专题调研报告的基础上，出台了《关于推进成都教育国际化的意见》（成办发〔2010〕54号），明确了推进原则、目标和内容，力争用5年左右的时间，使成都教育赶上东部沿海同类城市的国际化水平，形成与成都经济社会发展水平相适应的“多层次、宽领域”的教育对外开放格局。

2010年7月，召开了成都市推进教育国际化推进会，明确了推进教育国际化的步骤和具体工作，从政策层面统筹全市推进教育国际化。以引进优质教育资源，积极支持高中国际部扩大规模，争取引进世界知名高校在蓉落户，举办中外合作高等院校为抓手，通过交流合作、干部教师队伍、教育内容、人才培养的国际化以及打造教育国际化窗口学校等方式促进教育国际化。

（二）市、区（市）县和学校合力，联动推进教育国际交流与合作

市级层面成立了成都教育国际交流中心，承担全市教育领域国际交流与合作的相关服务工作，搭建教育国际交流的平台。各区（市）县制订了推进教育国际化的具体方案和行动计划，构建和完善推进教育国际化的制度、措施，分层落实。社会中介服务机构

为境外交流合作、大型论坛举办等提供信息咨询和服务。学校充分发挥在推进教育国际化中的主体作用，积极开展各类教育合作与交流，推动教育国际项目实施。形成了政府搭建交流合作平台并进行宏观调控，社会中介服务机构积极参与提供优质服务，学校开拓创新自主发展的教育国际化联动发展的新路子。

（三）立足区域和办学基础，走特色发展的国际化之路

在推进教育国际化的过程中，各区（市）县和学校，根据自身的情况，积极探索与自身发展相适应的教育国际化之路。如锦江区与教育部基础教育课程教材中心合作，成立国际课程中心，探索通过国际课程、实施国际教育培训等形式推进区域教育国际化的方法。与哥伦比亚大学教育学院和英国伦敦大学教育学院建立校长及重点教育人才海外培训基地，有效更新校（园）长教育观念，开阔办学视野。青羊区以“中国四川—新加坡中小学校长论坛”为载体，积极推动与新加坡相关机构的教育交流、合作；借力英国大使馆文化教育处和中央教科所，以中英气候课堂项目为抓手，通过教育论坛和研讨会形式加大合作交流力度。成华区与中国双语教育学会合作，正式挂牌成立成都双语实验学校，开展双语教育实验；采取多校连聘、开设跨校际“大课堂”、实施“走班走校”等方式，吸引海外优秀专职教师来任教，全区1/3学校聘有外籍教师。成都职业技术学院和成都工业职业技术学院与境外企业、院校合作，探索开发学生就业能力与创业能力项目，积极推进学生跨国就业。开展校企合作、工学交替、订单式培养国际化人才。其他各区（市）县、学校，立足自身条件，以项目合作为基础，大胆创新，积极推动教育国际化发展。

四、关于提升成都教育国际化水平的策略

当前，成都市正积极推进经济国际化战略转型，努力在国际产业分工中抢占有利位置。为了全面加快现代化建设进程，通过有效整合和利用全球教育资源，充分吸收世界文明，注入人类普适价值，锻造世界精神，培养世界公民，成都教育要主动担负起服务城市现代化、国际化的使命，进一步加快全市的教育国际化进程。

一是要加快培养具有国际视野的新型人才。在成都市教科院成立国际课程研究中心，加大国际课程的研究力度。努力办好学校国际部，要在提高质量和扩大规模方面取得新突破。支持各级各类学校（幼儿园）教师和干部出国进修、开展合作研究。选派中小学校长赴海外交流任职，积极输送教师赴海外任教，拓展全市学校（幼儿园）教师和干部的国际化视野、提高其能力。要进一步深化双语教育实验，逐步扩大实验参与面，不断完善从幼儿园到高中纵向衔接的双语教育实验体系。建设高素质双语师资队伍，加强相应硬件与软件设施的配备，进一步增强学生的全球意识，着力加强国际通行规则和国际人文教育，强化学生国际交往、竞争与合作能力的培养。

二是要进一步深化国际交流与合作。充分利用现有的交流平台，积极开拓新的教育

国际交流与合作渠道，不断扩大教育国际交流与合作范围，着力深化教育国际交流与合作内涵，借鉴吸收国外先进的教育理念、模式和方法。积极推广对外汉语教育，鼓励和支持有条件的学校和教育机构到友城设立 3～5 个“孔子课堂（学院）”或分校。完善成都市教育对外交流与合作的有关制度规范，构建区域教育国际化评价体系。继续加大“招才引智”的力度，适度扩大外教比例。鼓励学校积极引进国外优质教育资源，尤其是在职业教育领域积极推进中外合作办学，利用国际优质资源改造或新设与全市的支柱产业、高新技术产业和高端服务业配套的学科和专业；积极引进国际通行课程，开发国际通行文凭和职业资格认证；努力拓展职业院校海外实习、就业和留学深造渠道，着力为经济向国际化战略转型提供人才支撑。结合成都市外办 2011 年的“友城年”系列活动，鼓励有条件的学校和教育机构赴境外办学。争取在联合国总部举办成都教育国际展，在友城开展成都教育展。同时，继续办好第二届都江堰国际论坛。

三是进一步加强国际学校建设。合理规划布局，加强国际学校建设，探索涉外教育规律，着力提升驾驭和实施涉外教育的能力和水平，努力走出一条母语化教育，与国际接轨的办学路子。加强校际交流，创新涉外教育管理和教学模式，不断提升教育质量。开拓生源市场，加大宣传力度，积极推介成都涉外教育品牌，吸引更多的外籍学生来蓉入学。目前，成都市正积极争取乐盟国际学校尽快获得教育部的批准，同时还要在乐盟国际学校的办学方式和招生规模等方面加大工作力度，力争开创新的局面。

成都市的教育国际化水平尚在起步阶段，任重而道远，必须抓住时机，找准位置和方向，积极主动地走向世界，融入世界。

（供稿：成都市教育科学研究院　杨伊）

教师培训：2010年着力创新模式　增进实效

成都是统筹城乡发展综合改革的国家级试验区，正在向建设世界田园城市的目标迈进。为了深入推进城乡教育的均衡发展和公共服务的均等化，2010年，成都市立足“全域成都”，以建设一支师德高尚、业务精湛、充满活力、结构合理的高质量专业化教师队伍为目标，按照“统筹城乡、面向全体、培养骨干、以校为本”的思路，以体制机制的改革和创新为动力，以培训模式方法的更新为抓手，适应新形势，取得新进展，使城乡教师均衡发展逐步实现，教师的专业素质发生很大改变，教师队伍的整体水平不断提高。

一、2010年成都市教师队伍建设基本情况

成都是统筹城乡教育综合改革试验区，均衡化发展是成都教育发展的一个重要着力点。教育发展的均衡必然包含教师发展的均衡。为使城乡教师均衡发展，成都市着眼于城乡教师教育的统筹，在全员培训、骨干教师培训、区域发展共同体、教师教育课程建设等方面努力探索。

（一）探索“以比武促学习”的教师培训模式

为了对十万教师进行有效的全员培训，成都市开拓思路、创新形式，以比武促学习，开展“十万教师大比武”活动，按照“聚焦课堂、提升能力、培训交流、引领发展”的思路，探索出了一条教师群体专业发展的有效路径。

“十万教师大比武”共分为五个项目：①爱心的传递——师德、师风、师魂大论坛，活动形式为“感动你、我、他”教育故事征集演讲活动；②德育的创意——班队活动大荟萃，活动形式为班队活动创意比赛；③理性的碰撞——教师科研大集锦，活动形式为教育教学案例与教育叙事征集活动；④课堂的磨砺——课堂教学大比武，活动形式为教师“三笔一画”比赛、普通话讲演比赛、教育技术能力比赛、课堂教学大比武；⑤技艺的切磋——专项技能大展示，活动形式为中等职业学校教师职业技能大赛、幼教教师技能大赛、特教教师技能大赛。

在“十万教师大比武”活动中，既注重市级层面的统一要求，也注重各区（市）县

及学校的自主性、能动性及创造性。市级的五个项目，全市每位教师至少参加一个项目，省、市、区骨干教师和市优青至少选择两项，特别注重激发农村教师参与的积极性。区（市）县或学校（集团）自主策划的特色比武项目，特别是针对农村教师专业发展需求特点开展的项目，经报批可升格为市级项目并按市级项目规格管理和颁奖。

“十万教师大比武”是成都市教师教育在新时期的实践探索。在理念上，体现教师发展的现场情境性、互动参与性、在做中学才是真学的价值取向。在机制上，把比武交流和教师继续教育有机地融合在一起，以比武激发教师的学习内驱力，以交流促进教师的共同发展。在参与度上，涵盖了成都市普通中小学、职业中学、特殊教育、学前教育的全体教师，活动时间跨度长，参与人数多，实效显著。在内容上，凸现了教师发展、德性为先，教师发展、能力为重的教师专业素养。在实施上，有过程、有监控、有反馈、有调节，持续、稳定地长期跟进，体现层次和梯度。

（二）建设城乡教师发展校际学习共同体

在大成都的范围内，实行区域对区域、学校对学校的对口帮扶区域合作制度。充分发挥名优退休教师的作用，实施“常青藤计划”，名优退休教师到农村学校结对帮扶、支教。在全市一线特、高级教师中，遴选了 200 名优秀教师，成立了教师专业发展导师团，作为教师发展的领头雁。这些机制的建立，落实责任分担和契约承诺的事项，完善运行的程序与方式，促进教师之间互帮互学，协作共进。

2010 年，通过出台建设标准、指导建设、评估验收，成都市在一千余所中小学中建设了 100 所“教师发展基地学校”。教师发展基地学校是成都教师专业发展的学习基地、研究基地、示范基地和创新基地，是城乡教师发展校际学习共同体的核心，是推动成都市教育公平的排头兵。这是成都市深化教师教育改革，进一步完善教师教育组织保障、资源保障、制度保障的创新探索，较为有效地推动了城乡教师均衡化发展。

（三）组建导师工作站，建设高层次教师团队

为了发挥成都市名优教师的辐射、示范、引领作用，构筑教师区域合作和研究的平台，加快优秀教育教学人才的成长，培养大批优质的教师资源，促进成都市高素质骨干教师队伍的建设，助推成都市教育均衡发展，成都市以教师发展基地学校为平台，筹建了 100 个教师发展导师工作站。

导师工作站以学科为纽带，以导师为引领，发挥地域导师资源优势，开展课题研究，开发、整合教育教学优质资源，推广教育教学成果，促进教师专业成长和导师的自我提升，打造一支在全市乃至全国学校教育领域中有成就、有影响的高层次教师团队。这是培养学科领军人才和教育家的战略决策。

（四）探索教师继续教育的网络管理与学习模式

1. 利用网络规范教师继续教育学时管理

建立了中小学教师培训考核和成绩登记制度，并纳入教师年度考核。以“中小学教师继续网”作为教育学时登记、管理、学习、信息发布网络平台。（见表 1）

表 1　　成都市 2010 年教师继续教育完成情况　　单位：人

区(市)县	教师全员培训			其中：幼儿园教师			其中：小学教师			其中：初中教师			其中：高中教师		
	总数	完成数	百分比	总数	完成数	百分比	总数	完成数	百分比	总数	完成数	百分比	总数	完成数	百分比
双流县	8 310	8 310	100%	188	188	100%	3 209	3 209	100%	2 701	2 701	100%	2 212	2 212	100%
蒲江县	1 983	1 947	98.2%	61	61	100%	743	728	98%	689	676	98.1%	490	482	98.4%
武侯区	4 774	4 121	86.3%	64	59	92.2%	2 497	2 128	85.2%	1 440	974	67.6%	837	669	79.9%
金牛区	4 152	4 152	100%	195	195	100%	2 221	2 221	100%	1 119	1 119	100%	617	617	100%
高新区	2 292	2 292	100%	384	384	100%	925	925	100%	581	581	100%	402	402	100%
龙泉驿区	5 471	5 471	100%	565	565	100%	2 482	2 482	100%	1 368	1 368	100%	1 056	1 056	100%
成华区	3 461	3 461	100%	72	72	100%	1 682	1 682	100%	1 276	1 276	100%	431	431	100%
金堂县	6 077	5 509	90.65%	159	308	193.70%	3 089	2 846	92.13%	1 877	1 419	75.60%	942	936	99.36%
新津县	2 143	2 110	98.5%	65	65	100%	871	856	98.3%	685	672	98.1%	522	517	99%
温江区	2 697	2 697	100%	68	68	100%	1 181	1 181	100%	898	898	100%	550	550	100%
青白江区	2 817	2 671	94.82%	65	65	100%	1 207	1 176	97.43%	1 014	897	88.46%	545	533	97.8%
大邑县	3 214	3 214	100%	59	59	100%	1 512	1 512	100%	1 055	1 055	100%	588	588	100%
都江堰市	4 761	4 469	91.50%	58	58	100%	2 165	2 038	94.1	1 567	1 446	92.30%	971	927	95.50%
邛崃市	4 199	4 084	98.6%	76	76	100%	2 017	1 988	98.5%	1 289	1 253	97.2%	817	767	91.4%
新都区	4 430	4 430	100%	117	117	100%	1 776	1 776	100%	1 511	1 511	100%	1 026	1 026	100%
崇州市	4 783	4 783	100%	112	112	100%	2 251	2 251	100%	1 579	1 579	100%	841	841	100%
青羊区	3 616	3 616	100%	43	43	100%	1 928	1 928	100%	1 172	1 172	100%	473	473	100%
锦江区	3 771	3 545	94%	85	70	82%	1 525	1 482	97%	586	586	100%	1 350	1 350	100%
郫县	3 272	3 272	100%	79	79	100%	1 314	1 314	100%	1 276	1 276	100%	603	603	100%
彭州市	5 390	5 330	98.8%	70	70	100%	2 420	2 450	98.7%	1 600	1 580	98.7%	1 240	1 230	99.1%
合计	81 613	79 484	97%	2 585	2 714	105%	37 015	36 173	98%	25 283	24 039	95%	16 513	16 210	98%

2. 利用网络，为校本研修提供资源支持

校本研修的瓶颈，尤其是农村学校教师发展的核心瓶颈，就是校本研修资源匮乏。为了寻求校本研修的有效路径，成都市教育局和市教科院以功能完备、结构合理、操作便捷为前提要求，建设了“成都教师校本研修园地”网，为广大教师提供网上学习的通道。富集校本研修的资源、交流实践活动的经验，竭力支持教师专业发展。贴合工作实际情境，介入教育教学过程，提供专业学习资源，支持教师边工作边学习，发挥在岗学习的优势和以校为本的优势。“成都教师校本研修园地”还采写改革创新信息、畅通资讯服务渠道、支撑专题定向研究、汇聚实践探索成果，为教师成长插上飞翔的翅膀。

（五）构筑多元、开放、创新的教师教育课程体系

为实现教师学习的针对性、自主性和个性化，成都市构筑了多元、开放、创新的教师教育课程体系。

一是推行课程菜单超市，包括高中继续教育常规培训菜单、送教下乡培训菜单、教师发展基地学校菜单、导师工作站菜单。2010 年，全市共开展菜单常规培训 540 多班次，培训教师 5 万多人次，平均每班次培训教师人数在百人以上。共征集到“送教下乡培训菜单”72 份，完成 15 000 余人培训。

二是征集中小学优秀视频案例，包括课堂实录、专题讲座、专题班队会等多种形式。同时，利用教师大比武活动，把活动中的优秀课程制作成视频案例。这些案例通过“成都市中小学继续教育网”和“成都教师校本研修园地”向全市教师开放，使教师的学习更具选择性、自主性和个性化。

（六）建设梯队化的骨干教师队伍

按照教师人数的 20%、15%、10%和 1%的比例，成都市建设了校、区（市）县、市、省四级骨干教师队伍，发挥头雁功能，引领校本研修，促进更多的教师成长。

以市级骨干教师培训为关键点，整合教师教育资源。2008 年，成都市启动了成都市市级骨干教师培训项目。2011 年上半年，第一批 3 500 名市级骨干教师将完成为期三年的培训。在市级骨干教师培训中，全面招标，全省机构自愿竞标，培训体系全面开放；变革方向预前引领，基地学校全面参与，跟岗研修统一设定；明确三年培训核心词，突出课程重点——第一年，专业冲击、对比思考，第二年，现场跟岗、团队研修，第三年，成果固化、回归实践。统整了市内外各级各类教师教育师资资源，实施了对培训机构的全程监督和质量评估，组织了成都市历史上最大规模的跟岗研修，实现了成都市中小学校有组织、大规模地介入市级骨干教师培训，还通过服务学习、精英团队送教、城乡骨干结对帮扶、合作开展行动研究、网络沙龙等形式，扩大了市级骨干教师的辐射引领力。

充分利用国家、省级培训资源，选送了 77 名骨干教师参加中小学骨干研修项目、培训团队研修项目、培训者研修、中小学骨干教师培训等国家级培训，按照要求选送了 14 个郊区（市）县的 2 036 名教师参加了“中小学教师国家级远程培训计划”，推荐了

3名教育部国培计划的评审评估专家。

二、2010年成都市教师队伍建设取得的经验、主要成效

（一）完善体制，进一步推进研训一体的融合

1. 在市级层面整合了教师培训资源

市教育局成立了中小学教师教育领导小组，负责统筹协调解决全市中小学教师继续教育所涉及的政策、规划、经费等问题。

在市教科院成立了成都市教师发展中心，负责全市中小学教师继续教育工作的组织和实施，从市级层面上整合成都市教师培训的资源，发挥教师教育的系统策划、组织实施、运行管理、检核评定等职能，凸显教师发展的实践取向，为教师发展提供制度保障。

2. 构建开放、多元的教师教育体系

2010年，成都市大力推动各区（市）县研培机构的统合，共有16个区（市）完成了教师研培机构的整合或合署办公。通过推进县级研培机构整合，加强县级教师培训机构建设，形成了市、区（县）两级一元化的教师专业发展支持系统。建设了100所教师发展基地学校，构建了市、县、校与行政、业务三纵两横的教师教育管理格局和培训体制，实现了对城乡教师培训的分层、分点、分项的责任管理。

构建了市、区（市）县、校联动，学科研培、区域协作、校际交流相结合，发挥骨干教师培训的带动作用，校本研修的基础作用，网络学习的资源优势的规范化、开放性的教师教育体系，把教师自主学习、培训的专业引领、教研实践探索有效地融合为一体。

（二）完善教师教育的保障体系

1. 完善教师培训目标考核制度

将教师培训工作纳入对区（市）县政府的年度教育工作目标考核。建立了中小学教师培训督导和成绩登记制度，并纳入学校教师年度考核。

2. 初步形成以财政拨款为主的经费投入机制

市本级财政投入各类教师培训的专项经费800余万元。按照有关文件规定，各学校用于保障教师培训经费投入不低于学年校年度公用经费支出预算总额的5%。各区（市）县共投入6 457.3万元，其中财政专项资金2 119.58万元，在生均公用经费中列支4 360.82万元，其他方式筹资748.64万元。

（三）创新教师教育的运行机制

在教师培训项目实施中，面向全省乃至全国公开招标。遵循依法管理、公开管理、精简高效的原则，规范运作，凸显教师培训质量管理效能。

一是预前引领。市教师发展中心根据规划和需要制定培训项目和项目实施总目标。

各培训机构结合自身培训优势和特色提出项目申请，填写项目计划书，拟订培训申报方案，完成项目申报。市教师发展中心组建项目评审专家组，审核各培训机构的项目申请书及培训方案，优选项目培训执行机构，签订项目执行协议书，对培训的目标任务和职责要求予以明确。

二是同步监控。组织督导专家组对各培训机构的实施情况进行监督评估，通过召开参培学员座谈会及问卷调查等形式，了解学员培训的情况和对培训的建议。

三是反馈调节。建立培训的跟踪机制，与培训学员、学员单位、地方教育主管部门进行持续沟通，消除了“培训结束后不管不问”的弊端。针对学员在培训后的工作效能，培训机构进行培训质量评定。

三、成都市教师队伍建设面临的新挑战

（一）高端教师队伍水平还有待提高

名师特指那些具有先进、独到的教育思想，突出的教学业绩和丰硕的教育科研成果，且具有一定影响力和知名度的教育教学专家。名师应该是师德的表率、育人的模范、教学的专家、科研的能手。名师就是学生最喜爱、家长最放心、同行最佩服、社会最尊重的教师，是影响力、感召力、亲和力、创造力最强的教师。一个地区少部分优秀教师的水平不能决定整个教师队伍素质的整体标高，但他们为这个地区的教师发展起到巨大的激励和榜样作用。成都市不缺乏名师，但名师群体的影响力和号召力还有较大的提升空间。优秀的教师在成果梳理、理论提升上有待进一步向深度和厚度发展，研修团队的建设尚有待加强。

（二）远程研修资源尚需进一步丰富

2010 年，成都市中小学继续教育网在全员培训中发挥了重要作用。网上学习超越了时间和空间，打破了城乡时空间隔，是一种有效的学习方式。但是，到现在为止，网上提供的内容还不够丰富，尚难以满足日益增长的教师个性化的培训需求。

（三）幼儿园教师的培训是当前的迫切需求

根据 2010 年国家教育部颁发的《幼儿园教育指导纲要》，幼儿园教育是基础教育的重要组成部分，是我国学校教育和终身教育的奠基阶段，将幼儿教育的发展摆在了迫切而重要的位置。幼儿教育要发展，提高幼儿园教师的素质是核心问题之一。为了幼儿教育的更好发展，成都市尚需幼儿园教师发展的规划和骨干教师培训的计划，应把幼儿园教师培训作为当前教师培训的一个重点工程。

（四）教师队伍建设尚需进一步完善评价指标

一是要完善对教师专业发展的评估标准，二是要用更为标准化的指标体系对教师培训的质量进行监控。传统的短期培训模式具有非学历性，学员往往是为了完成任务，“三天捕鱼，两天晒网”，使培训绩效打了折扣。成都市在教师培训中，针对上述问题，

通过创新教师教育的运行机制，已经作了很多探索，如上述的预前引领、同步监控、反馈调节，都取得了一定的实效。如果每一步都有更为细化的操作措施指引和质量评估标准，那么对培训机构的管理可以更有指导性。

四、成都市教师队伍建设的建议

（一）推动教师教育资源的进一步融合

还未进行教师培训机构与教研室、电大和县级教师进修校整合的，要尽快推动整合。对已经整合或合署办公的，要指导进行内部职能的深度融合，达到真正意义上的研训一体。

充分发挥学校特别是教师发展基地学校的基地堡垒作用。通过“教师发展基地学校特色菜单”项目推动全员培训、送教下乡、开发校本课程资源、均衡教育资源，促进教育公平。通过教师发展基地学校与薄弱学校的结对帮扶，配合教育集团建设，促进教师教育优质资源的合理流动，提升城乡教师的素质，尤其是使农村学校教师教育的质量得到有效保证。在100所教师发展基地学校建设导师工作站，工作站由导师一名，带领5~8名骨干教师，打造优势学科，带动农村教师。

（二）进一步通过送培、自培、资助等形式打造高端教师队伍

充分利用国培、省培机会，选拔成都市优秀的教师参加。实施“培训者培训”项目，培训成都市各区（市）县教师培训机构专兼职研训者，帮助他们在教师远程培训和全员培训中更好地发挥组织管理和示范辅导作用，在学校的校本研修中更好地发挥指导作用。

在市级层面建设名师工作室，通过组建研究团队、资助出版等方式，促进优秀教师早出成果，多出成果。

（三）建立教师发展评估体系和培训质量标准体系

教师专业发展评估体系从职业道德、专业知识、专业能力、工作绩效等方面评估教师的专业发展水平。按照教师专业发展所划分的四个发展期，采取分层评估方式分别对0~5年、6~10年、11~20年、21年以上发展期的教师进行专业发展评估。着力构建符合素质教育思想、有利于提高教师专业素质和水平、增强教师工作积极性和主动性的评估制度，发挥评估的导向和激励功能，促进教师专业发展。

引进ISO90001质量认证体系，对教师培训进行全面质量管理，增强管理者的质量意识，规范过程管理，对培训资源进行优化配置和充分利用，使管理更加科学。

通过建立科学完备的评估体系和评估细则，使各县级研训机构、学校、继续教育工作者明确自己的工作职责、工作范围和工作要求，引导行动，规范行为，使成都市的继续教育工作减少盲目性，更有针对性，效率更高，效果更好。在规范工作行为的基础上，促进工作的创新。通过过程评估和阶段评估等，及时发现继续教育工作中的困惑、

偏差、不足和问题。评估主体根据这些诊断结果，帮助评估客体分析产生这些现象的原因，找出解决办法，改进下一阶段的工作。

（四）以骨干教师的使用为核心，构建骨干教师“选、培、管、用”一体化

在进行教师研训的过程中，把教师管理手段结合起来，以期达到提高研训效果的目的。努力探索市级和区（市）县级联合、市级与省级联合，在教师“入职教育——校级骨干——区（市）县骨干——市级骨干——省级及更高层次的骨干”中追踪培养。在骨干教师的培训中，增加幼儿园骨干教师的培训。

打造名师团队，发挥骨干教师的引领作用。2011 年，第一批市级骨干教师三年培训结束，需要建立后续培养的机制。一是要建立长期的跟踪体系，及时了解他们的状态，沟通联系渠道，使骨干教师在新的起点上继续发展。二是建立“后续性研究型学习团队”及成长回馈，建设“骨干教师精英团队”，通过“骨干教师精英团队”，在校本研修、城乡教师教育发展资源均衡等方面发挥骨干的引领、示范和辐射作用。

（五）加强教师教育网络资源建设，提升教师教育技术能力、水平

进一步完善“成都市中小学教师继续教育网”、“成都市教师校本研修园地”，打造全市教师的远程学习网络及中小学教育资源库。提供教师网上自主合作研修的公共服务，建立网上学习的动态监测、质量保障系统，以信息化实现教师培训的现代化。

按照教育部颁发的《中小学教师教育技术能力标准（试行）》为依据，以促进教育技术在教学中的有效运用为目的，以信息技术与学科教学有效整合为主要内容，实施教师教育技术骨干教师培训及网络远程培训，使成都市中小学教师教育技术应用能力得到显著提高。

（供稿：成都市教育科学研究院教师发展中心）

教育科研：2010结硕果　稳中求进抓特色

2010年，在成都市教育局的领导下，我市教育科研工作深入贯彻落实科学发展观，以邓小平理论和“三个代表”、“科学发展观”等重要思想为指导，紧紧围绕“城乡教育一体化、教育现代化、教育国际化”的奋斗目标，坚持“以人为本”的理念，突出“均衡、质量、和谐”的主题，促进教育均衡，巩固研究成果，培育典型经验，推进学校内涵建设；坚持以实施素质教育和新课程改革为研究重点，努力形成以培养创新精神和实践能力为核心的教育科研体系；坚持理论联系实际和实践第一的原则，全力促使教育科研与教师成长及课堂教学密切结合；坚持为提升学校办学水平服务的宗旨，致力达到教育科研“三服务”的工作目标。

作为教育科研工作具体指导单位的成都教科院，充分发挥“管理、研究、指导、服务”的职能，以区县教育局科研部门和基层学校教科室为依托，以新课程改革为重点，以课题研究和多种教育科研活动为平台，认真开展了富有实效的教育科研工作，圆满完成了上级领导下达的任务，多项工作受到上级好评。

一、“十一五”以来我市的教育科研工作健康、持续、快速发展，成绩显著

2010年是“十一五”的最后一年，我市教育科研工作在“十一五”期间取得了突出的成绩：教育科研成果丰硕，总体水平较高。

继续保持在四川省教学成果奖评选中获奖总数和高等级奖项（一等奖、二等奖）总数均居全省第一的好成绩。本届（省第四届普通教育教学成果奖）一等奖获奖比例占全省43.33%，较上届提升将近14个百分点。

在四川省第十四次社会科学优秀成果奖评选中，成都市教科院“成都市教育现代化课题”的课题成果“在统筹城乡教育综合改革背景下加快推进成都市教育现代化建设研究”获得二等奖。

在四川省第十四次优秀教育科研成果评奖中，我市获得一等奖5项、二等奖11项、三等奖21项，名列全省前列。

我市“推进城乡教育一体化，促进教育均衡、优质、可持续发展研究”的成果，在西部地区具有领先性，《中国教育报》等多家中央媒体曾连续报道，在国内产生了很大影响。以科研兴教、强校、强师的愿景正在成为现实。

这些喜人成绩的取得，得益于我们对教育科研工作的深入研究和扎实推进，得益于全市教育科研工作者的辛勤付出与努力。

（一）深化培训，我市教育科研队伍日益壮大

为挖掘和推广我市广大教师的教育科研经验，承担我市教育科研培训活动的成都教科院每学期都设计和组织不同形式的互动式培训活动，继 2008、2009 年在上海举办了两期科研骨干研修班以后，2010 年与上海市教科院继续合作，在上海举办了第三届科研骨干研修班，全市科研骨干教师 110 人参加了本次培训。迄今为止，我市与上海教科院联合开展教育科研骨干培训，已有将近 300 人参加了培训。

本年度，我市对近 100 名教育科研先进个人和近 80 个教科室进行了表彰。

（二）“三层”推进，我市教育科研工作网络日趋完善

这一年来，我市教育科研工作继续完善原来的教育科研网络，在实践中经过不断地调整完善，使其渐趋成熟，逐渐形成宏观、中观、微观研究相结合的格局，很好地体现了教育科研“三个服务”的宗旨。

据市规划办统计，十一五期间我市共立项各类市级课题 400 余项。其中包括：宏观研究——对与社会、经济发展密切相关的教育重大问题的理论与实践研究；中观研究——一个地区或一个学校为解决本地区、本校教育发展中的重、难点问题（其往往具有共性）而组织开展的教育改革研究；微观研究——教师对自身教育教学工作中存在的问题开展的深入研究。这三个层面的研究各有侧重，相互配合，构成了我市教育科研百花齐放的局面。

（三）规范管理，我市教育科研工作稳中求进

1. 加强对教育科研课题的规划力度，密切教育科研与教育改革的关系

本年度印发了我市 2010 年教育科研选题指南，包括“指标课题选题指南”、“规划课题选题指南”、“高中课改专项课题选题指南”、“‘9+3’藏区免费中等职业教育研究课题选题指南”。选题指南的发布，明确了我市本年度教育研究的重点和难点，强化了对全市教育科研的规划职能，有利于改变过于主要以区县、学校自命选题而缺少对全市层面关键性问题的规划和研究的现状，有利于通过教育科研整体推进全市的教育改革与发展，更充分地发挥教育科研的作用。

与之相适应，市级课题的类别进行了相应的调整和补充，力求与省教育厅课题类别保持一致。

2. 做好各级教育科研课题立项工作，提高立项课题的研究质量

课题的申报（立项）工作得到高度重视。2010 年，在认真组织评选的基础上，我市向省教育科学规划办、全国教育科学规划办申报和立项的课题，以及市级课题申报和立

项的课题见表1。

表1　　2010年我市教育科研课题报送、立项一览表

<table>
<tr><th>数量 / 级别</th><th colspan="2">报送课题数</th><th colspan="2">批准立项课题数</th></tr>
<tr><td>国家级课题</td><td colspan="2">14项</td><td colspan="2">5项</td></tr>
<tr><td rowspan="3">省级课题</td><td rowspan="3">47项</td><td>“9+3”课题6项</td><td rowspan="3">23项</td><td>“9+3”课题2项</td></tr>
<tr><td>规划课题21项</td><td>规划课题16项（含11项重点课题）</td></tr>
<tr><td>高中专项课题20项</td><td>高中专项课题5项</td></tr>
<tr><td rowspan="3">市级课题</td><td colspan="2" rowspan="3">200项</td><td rowspan="3">100项</td><td>招标课题12项</td></tr>
<tr><td>规划课题62项</td></tr>
<tr><td>高中专项课题26项</td></tr>
<tr><td>合计</td><td colspan="2">261项</td><td colspan="2">128项</td></tr>
</table>

3. 落实教育科研过程的管理和指导，促进研究水平不断提高

本年度，我市修订了课题年度考核指标、市级课题管理办法，对在研的200余项课题进行了年度考核。有60余个课题单位受到表彰。

本年度，我市建立了市级以上（含市级）其他渠道立项课题的备案制度。这对于我们全面了解全市教育科研的整体情况，统筹全市教育科研课题研究奠定了基础。

成都市教科院理论室坚持每月一次到区县进行集体指导，同时还以现场研讨、电话网络交流、接待来访等多种方式，对100余项课题进行了个别指导。

4. 推广优秀教育科研成果，强化教育科研的成果应用

优秀教育科研成果的推广，一直是我市教育科研工作中的一个薄弱环节，主要采取两种方式进行成果推广。其一是开展“成都市教育科研成果系列推广活动”，具体通过成果报告、现场展示、互动交流、专家点评等方式开展。我市将获省政府第四届教学成果奖的获奖成果（分别有一、二、三等奖13项、28项、11项）和我市优秀教育科研成果列为本年度教育科研重点推荐成果。其二是编撰我市获奖成果集，该成果集将收录获奖成果的核心部分，并通过专家点评，凸显各成果的借鉴应用价值。该成果集拟交出版社出版。

（四）狠抓特色，我市教育科研工作向纵深推进

1. 立足成都，各类教育科研颇具特色

按照“教师素质提升行动计划”的要求，在总结我市教师教育科研工作经验的基础上，以课题研究的方式对教师教育科研工作从发展规划、制度和机制创新，到实施策略等方面进行了探索。

成都市教科院在这方面发挥了领头羊的作用，在普通高中新课程改革、心理教育、

特殊教育等方面，立足成都实际，放眼国内外，作了深入有效的研究。

2. 决策咨询，提升教育科研服务能力

2010 年，成都市教科院承担了教育部的三项重点课题："中小学校安全建设现状与对策研究"、"中职毕业生就业质量研究"、"创先征优活动推进中小学党建机制研究"，也承担了省政府、省教育厅、省科技厅等单位的多项课题，同时完成了市政府、市委组织部、市财政局、市教育局交办的多项有关全市教育改革与发展的重大课题，为各级部门提供了很好的决策咨询，切实体现了成都教育科研工作覆盖面广、融合性高、服务力强的特点。

部分完成的提供决策咨询的课题如下：

（1）承担《成都市中长期教育改革和发展规划纲要》的研制工作，并形成十三个配套研究报告。

（2）完成《统筹城乡教育综合改革成都试验区有效发展模式之政策制度分析报告》。该报告系教育部部级重点课题"统筹城乡教育综合改革成都试验区有效发展模式研究"的阶段性成果之一。该成果已被批准为国家级课题，实现了成都市教育局以主研单位承担国家社科基金课题的跨越。

（3）完成了《成渝两地统筹城乡教育发展比较研究报告》。该报告研究成果进入市委常委会的研究议题。

（4）参与研究《成都市人民政府关于促进学前教育发展的意见》。

（5）完成"成都市名校集团化办学的实践与研究"的课题研究。在对我市实施名校集团化办学现状进行分析的基础上，提出了名校集团化进一步发展的对策建议。

（6）完成《成都市大力发展民办教育研究报告》。此报告是根据市政府领导的要求，在对我市民办教育发展情况开展了全方位调研、考察和多次征求意见的基础上，提出了我市发展民办教育的对策建议。

（7）完成《2010 年度成都市义务教育校际均衡监测总报告》。它标志着在以校际间均衡发展状况为监测对象的研究和实践方面，成都市走在了全国前列，并影响和带动了全省的义务教育均衡监测工作。

（8）承担《四川省中长期教育改革和发展规划纲要》的研制，并参与后期修改定稿工作。共进行了 27 轮修改，形成征求意见稿 6 稿，总 27 稿。

（9）在《关于提升成都教育国际化水平的研究报告》研制工作的基础上，形成了《提升成都教育国际化水平的工作策略》。该成果运用在 2010 年市政府办公厅转发"市教育局关于推进成都教育国际化意见"的通知中。

3. 聚焦课堂，教育科研彰显实效

教育科研应该源自于教学实践，成于教学，服务于教学。课堂教学，永远是教育科研的主阵地。教中研、研中教，教与研互相融通、互相促进，这才是教育科研的主流方向。所以，我市教育科研工作明确提出，教育科研要走进课堂、亲近教师、关注学生。

我市教育科研工作一直主张把工作科研化、课题问题化，使课题研究在学校管理、教育质量、教师素养等方面彰显实效，让学校和老师在“科研兴校”的征程上迈出了坚实而有力的步伐。

2010年，经过长期的调查研究，我市积极倡导开展“聚焦课堂”下的教育科研，同时结合高中新课程改革，教育科研在这方面做了大量的实践探索。

成都市教科院的课题“成都市基础教育（普通高中）学科教学质量监测评估体系构建的理论与实践研究”积极展开，为新课程改革提供理论支撑。

成都市教科院通过召开现场会的形式对各区县的“聚焦课堂”活动成果进行积极推广，在与教育部及省内外等各级知名专家的对话中，在与省内外同行的碰撞交流中，“聚焦课堂”活动走向深入。

比如在蒲江县召开“幸福课堂”现场会，对“分组学习”进行了积极有益的研讨。

针对新津县全县开展“自主合作”学习取得成效的现状，组织专家，在新津召开现场会，将这一经验进行推广。

在双流棠湖中学召开“高中三段式”学习方式的现场会，结合新课程改革，邀请专家进行论证。

在成师附小和石室联中召开“主体课堂”的现场会，对如何在课堂学习中尊重学生的主体地位进行深入的探究。

在青羊实验中学召开“导学案”的推广活动，将这一经验在成都全面推广。

在教改与实验专委会的年会上，对成都龙泉驿区全区开展的“DJP”教学研究进行全市推广。

4. 异军突起，学前教育研究先行一步

2010年，我市的学前教育研究工作主要是围绕市政府关于学前教育改革与发展的重大决策开展决策咨询，同时结合新一轮幼儿园课程改革的要求，开展对幼儿园教师的全员培训。

围绕市政府《成都市人民政府关于促进学前教育发展的意见》的起草制定，我市以课题“成都市学前教育改革与发展研究”为载体，经过调研、研讨会、收集资料、学习借鉴等大量研究工作，最后对近10万个数据和相关资料进行收集、核对、梳理、归纳、分析，形成了基础材料，掌握了我市学前教育的基本状况和国内外学前教育改革与发展的情况。在此基础上，经过市政府多次召开专题会议研究，反复论证，最终形成了《成都市人民政府关于促进学前教育发展意见》。

2010年通过幼儿教师全员培训、大比武、教研讨论等方式，配合我市农村中心幼儿园标准化建设，加强了教师专业成长工作。同时，以专项活动方式，开展幼儿园教师的培训。

2010年4月和9月，开展了“成都市农村幼儿园现场观摩及研讨会”和“成都市农村标准化中心幼儿园教学研究现场观摩会”。来自我市20个区（市）县180余人次参加了活动。

2010年6月，在都江堰亿达爱心幼儿园举办了“成都市灾后重建幼儿园教学研究现场活动”。

2010年6月，在新都区开展了“成都市幼儿园国学经典诵读现场观摩及研讨会”。

5. 主题突出，心理健康科研落到实处

2010年，我市中小学心理健康教育科研着力放在灾后心理重建、“生命教育”专项研究和心理健康教育的基础性建设方面。

在灾后重建方面，我市参与了省教育厅相关课题的研究，举办了为期4天的“星巴克园丁培训项目”的教师培训，同时开展了“灾后心理健康教育活动课优秀教案评选活动”。继续实施2009年度尚未完成的灾后心理重建项目。

在“生命教育”专项研究中，我市结合灾后心理健康教育重建和我市中小学生思想道德建设，以课题“成都市区域性推进中小学生生命教育的实践研究”的研究为主，并组织开展了多次实践研讨活动。

在心理健康教育的基础性建设方面，一是组织开展成都市第三批“心理健康教育实验学校”评审工作——目前我市共有市级心理健康实验学校165所；二是继续开展“成都市学校心理辅导员B、C级资格培训”工作；三是开展“心理健康教育课程专业化建设系列活动”。

活动一，开展成都市“心航杯”中小学心理健康教育、生命教育优质课评选活动。活动二，开展以心理教育课程建设为主题的“1+1”心理教研系列教研活动。活动三，开展以心理教育课程建设为主题的“同课异构”心理教研系列活动。同时，我们还参加了四川省义务教育地方教材《生活、生命与安全》教材及教师教学用书的编写。

2010年11月，我们协助市教育局承办了教育部基教司举办的“2010年全国中小学心理健康教育工作经验交流会”。组织编撰了两本会议专辑《成都心育，十年花开——成都市区域推进中小学心理健康教育工作经验专辑》、《成都心育，十年花开——成都市心理健康教育实验学校特色经验专辑》。

（五）全面总结，我市教育科研年度报告编撰完成

为进一步推进我市教育科研工作，充分显示教育科研在教育发展中所发挥的重要作用，我们从科研工作现状和成果水平现状两方面对我市教育科研进行了较为全面的总结，编撰完成了《成都市2008—2009教育科研报告》。该书内容丰富，具有学术性、资料性与实用性，对于学校了解我市近30年来，特别是近两年来教育科研的整体情况，查阅、学习此期间的优秀科研成果，指导本地本校的教育科研工作，具有重要的参考价值。

（六）区县联动，我市教育科研工作整体推进

我市教育科研涉及20个区县及多所直属学校。区域发展的不平衡一直是制约我市教育科研工作整体推进、快速发展的瓶颈问题。2010年，我市教育科研的工作主题之一就是“区县联动，推进成都教育科研整体发展”。在这个主题思想的指引下，我们通过各种途径和形式，努力开展教育科研的“增强扶弱”工作。

区县教育科研工作亮点颇多，成绩斐然。

处于三圈层的邛崃市坚持“以区域研究促进教育科研工作良性发展”，通过“邛崃市中小学素质教育发展水平评价研究”和“以骨干教师引领中小学教师专业成长策略研究”等重点区域性龙头课题的研究，带动全市教育科研工作的深入开展。同时，积极探索教育评价新方法，结合“邛崃市中小学素质教育发展水平评价研究”，寻求与成都市教育科学研究院合作，进行邛崃市中小学素质教育发展水平评价的第三方评估。

教育科研工作颇具特色的锦江区则将“锻造学术品质，推进区域教育内涵发展”作为年度工作主题，将2010年定为锦江教育的“学术年”，鼓励全民讨论学术，全员参与学术，将全区教育学术水平提升到新的高度，不断探索提高学校办学品质以及区域教育内涵发展的路径。全区教育科研工作聚焦于“三课”，推进各项学术活动扎实开展；落脚于“树人”，以全员参与促共同成长；学术活动共享，推进区域教育内涵发展；课题研究共享，带动区域教育持续发展；办学经验共享，助推区域教育均衡发展；以前瞻视野，推进精品教育；以远见意识，做教育国际化的先行者。

二圈层的新都区2010年的教育科研工作从三个方面着力：一是构建多样化的培训平台，促进学校科研能力的提升；二是建设一批教育科研示范学校，引领区内教育科研发展；三是加强开放交流，促进区域联动。

青羊区2010年的教育科研工作亮点颇多：建立促进教育科研良性发展的长效保障机制；规划龙头课题，多层次布局“十二五”教育研究体系；推行“教研培一体”，以科研力量助推区域教育改革与发展；总结整理课题研究成果，增强成果辐射力和引领作用。同时，全区积极开展对教育科研工作的深度思考：教师广泛参与的问题，学校研究品质的提升问题，教育科研与教师培训、教学指导深入融合的问题。

2010年度大邑的教育科研工作突出了一个重点：立足基层学校实际，合理取向科研价值。在这种工作方针指导下，坚持三步走推动教育科研：首先，重新客观分析基层学校教育科研价值的不明表现；其次，根据实际情况，将基层学校教育科研定位为以“提升教师素质”为重；第三，坚持循序渐进的发展思路，通过三级课题实现基层学校教育科研价值。

2010年，新津县的教育科研则是通过“课题导航，表彰促进”的工作思路来开展工作。2010年，新津中学、华润初中、花源小学、万和小学针对课堂教学和课程建设的课题分获省市相关科研单位立项，带动全县掀起了教育科研工作的热潮；而对“十一五”

教育科研工作中的优秀单位和个人进行表彰，则为教育科研工作进一步发展树立了榜样。

在2010年度教育科研工作中青白江区把“百花齐放，特色彰显”作为本年度的工作主题。在这一工作思路的指导下，各个学校的教育科研工作档次提升，颇具特色：大弯中学教育科研工作追求“精、细、实、活”；前进职业高级中学教育科研工作在“引企入校”、“一体化教学”、“ 重内涵建设，促水平提升”三大方面着力；区教培中心则是融教研、科研、培训为一体，深入推进课改工作，提高教学质量，全面提升教师的专业素养。

此外，其他区县也在2010年教育科研工作中进行了积极的探索，扎实推进工作，取得了良好的效益，引发了教育科研的新一轮热潮。

二、我市教育科研工作存在的问题与不足

在取得令人欣喜的成绩的同时，我们也应该清醒地看到，我市的教育科研工作还存在一些问题与不足，尤其是区域间、学校间教育科研发展水平依旧存在明显差异。

我市教育科研发展不平衡的现象比较严重，一些区（市）县和学校还相当薄弱，与部分教育科研开展得早、发展得好的区域和学校相比，这些区域和学校在研究意识、研究氛围和研究水平等方面还存在很大的差距，在一定程度上制约了其教育水平的提高。虽然2010年此项工作取得一些进展，但它依旧是未来我市教育科研工作努力的方向。

三、推进我市教育科研工作发展的措施

为了推进我市教育事业在“十二五”期间得到科学、可持续发展，在新的一年中，必须大力加强教育科研工作。为此，必须坚持以下科研工作的指导思想和价值取向：

坚持以邓小平理论、“三个代表”重要思想为指导，深入贯彻落实科学发展观，落实《国家中长期教育发展规划纲要》精神，坚持“育人为本、开放创新、追求卓越、服务发展”的工作方针，着眼于事业与人的发展，统筹规划，整体推进，坚守教育科研的基本价值取向。

为此，要重点抓好以下工作：

（1）制定《成都市教育科研“十二五”规划（指导意见）》。

（2）进一步加强教育科研机构建设。

（3）大力加强科研人员队伍建设。

（4）完善教育科研管理机制和办法。

（5）整合研究力量，打造精品成果。

（6）建立教育科研经费保障机制。

（7）推进农村教育科研工作。

（8）完善教育科研成果评价和推广机制。

2011年，是“十二五”的开局之年，我们面临着新的希望、新的挑战。当代中国，教育改革的许多问题有待破解，素质教育之路仍然千回百折，任重道远。让我们胸怀理想，不懈努力，为成都市教育科研工作的发展，作出新的贡献。

（供稿：成都市教育科学规划办公室）

第三篇 媒体聚焦

成都 2015 年普及公益性学前教育 每人每年补千元

日前，成都市出台《关于促进学前教育发展的意见》（以下简称《意见》），提出成都将于 2015 年全面普及公益性学前教育。成都市教育局副局长刘智慧在新闻发布会上解读了《意见》的几大亮点。

亮点之一：至少 476 所公益幼儿园

现状：成都市公办幼儿园共 379 所，占总数的 21%，尚有 97 个乡镇（街道）无公办幼儿园。

目标：每个乡镇（街道）至少有一所公益性幼儿园，总数至少为 476 所。所有公办园及执行政府定价的民办园均纳入公益性幼儿园范畴，鼓励境内外社会资本举办学前教育。

亮点之二：建 223 所农村幼儿园

现状：成都市 223 个农村乡镇（街道）中，已有 77 个建成农村标准化中心幼儿园，28 个正在建设。

目标：2011 年年底以前，将全面完成 223 个农村乡镇（街道）的公益性标准化中心幼儿园建设，提供学位 60 210 个，解决 41%的农村 3～5 岁幼儿入园问题。

亮点之三：毛入园率将达 98%以上

现状："入园难"集中在中心城区和新建小区，其主要原因是原有设计规模不能满足目前需求。

目标：到 2015 年，将全面普及公益性学前教育，学前三年毛入园率达到 98%以上，城乡幼儿园均达到规定的办园标准。

亮点之四：财政补助每生每年1 000元

现状："入园贵"的主要原因是学前教育投入不足、收费不规范、家长分担比例过高等。

目标：市和区（市）县将给予平均每生、每年1 000元的财政补助。新的扶持政策还包括：免收餐具和玩具检疫费、水质监测费、按比例安置残疾人就业保障金等；幼儿园可按划拨方式供地；截至2012年，新建幼儿园的报建费全免。

亮点之五：财政补贴教职工养老保险

现状：具有公办身份的教职工参加事业单位养老保险，其余聘用人员和民办园教职工参加城镇职工基本养老保险。

目标：公益性幼儿园教职工参加城镇职工基本养老保险时，区（市）县对单位缴纳部分补贴40%。

记者专访>>>

幼儿园新定义打破体制界限

问：如何定义公益性幼儿园？

成都市教育局副局长刘智慧（以下简称"刘"）：按政府定价收费，凡是能提供合格的基本学前教育服务的公办或民办幼儿园，都可纳入公办幼儿园范畴，享受政府一系列政策。这一规定打破了体制界限。

问：如何定义就近入园？

刘：就近入园，就是按照公建配套的要求，达到一定人口密度的区域都要配套幼儿园，使更多百姓的子女能够就近入园。

问：如何缓解城区"择校热"？

刘：对于没有达到社区规模的幼儿园，要尽快形成社区规模；对于改变了用途的、能用做幼儿园的，以及中小学布局调整后空余出来的学校资源，要尽快建成幼儿园。

问：以后幼儿园如何收费？

刘：目前幼儿园还是按照2003年的标准收费。政府正在安排调研幼儿园的办园成本和收费情况，将规范和调整收费，在公益性的基础上合理分摊成本。

各方声音>>>

新规划让家长安心

一方面，新规划让家长安心。如果每个区域都有一个公益性幼儿园，就能给十三幼这样的公办幼儿园减压；幼儿园就能花更多心思去提升教学质量，而不是去安抚家长。另一方面，新规划也让教师安心。目前大部分幼师学历水平不高，一般大学生又不愿意“屈尊”入行。政府重视幼师薪资保险机制，既能稳定现有队伍，又能吸引人才加入。

（成都市第十三幼儿园园长黄萍）

收费须体现公益性

现在一些幼儿园收费之高，普通家庭已难承受。要实现教育公平，必须从学前教育开始，让每一个人得到均等的受教育机会。

政府加大对学前教育的财政资金投入，表明了其发展学前教育的决心，但对于投入的教育经费具体比例，以及如何保障还应有更具体的措施，特别是幼儿园收费价格，必须体现公益性。

（四川教育学院教授柳长翥）

《天府早报》记者 郑其 冯雅可

南海网（http：//www. hinews. cn），2010－12－28，来源：四川在线

鼓励名校进山区
支持城乡学校结对互助

记者从2010年12月22日闭幕的全省教育工作会上获悉，我市将实施“全面消除义务教育阶段薄弱学校行动计划”，引导城市优质教育资源向农村流动，推进城乡教育高水平均衡发展，进一步加快教育现代化步伐，提高我市教育国际化水平。

副市长傅勇林在会上代表市政府发言说，我市将深入贯彻落实国家及全省中长期教育改革和发展规划纲要，扎实推进统筹城乡教育综合改革试验区建设，加快推进教育均衡化、现代化和国际化进程，在中西部地区率先基本实现教育现代化，努力把成都建设成为高水平学习型城市和人力资源强市，为全省建设西部教育发展高地、实现经济社会又好又快发展作出更大的贡献。

据了解，我市计划到2015年形成体系完整、布局合理、结构优化的城乡一体的现代教育体系，学前三年入园率达98%，义务教育阶段巩固率达99%，高中阶段毛入学率达97%，实现免费中等职业教育，高等教育毛入学率达50%，主要劳动年龄人口受教育年限达到11年，新增劳动力平均受教育年限达到14年。

关键词：资源配置

促进公共教育资源高位均衡

我市将着力优化教育资源配置，推进教育高水平均衡发展。全面落实教育优先发展战略，调整优化教育财政支出结构，实行以在校生为基础的均等化拨款制度，推动财政投入向义务教育尤其是农村义务教育倾斜。

我市还将优化配置公共教育资源，促进同一区（市）县域内城乡办学标准、办学条件、师资配置、办学经费等公共教育资源均衡化，并鼓励引导社会力量兴办教育，多渠道增加教育投入，加快形成政府主导、社会参与、办学主体多元、办学形式多样、充满生机的办学格局。

关键词：消除薄弱学校

晋职评优向薄弱学校教师倾斜

我市还将实施全面消除义务教育阶段薄弱学校行动计划，加快推进薄弱学校标准化建设，全面完成薄弱学校校舍、技术装备等硬件设施建设任务，明显改善薄弱学校办学条件。我市还将推进城乡学校教师交流互动，坚持晋职、评优向薄弱学校教师倾斜，并设立"特设岗位"，着力解决薄弱学校教师紧缺、学科结构不合理问题。据了解，我市还将建立优质学校与薄弱学校"一对一"帮扶指导制度，引导优秀校长到薄弱学校交流任职，全方位支持薄弱学校改革创新，不断提高薄弱学校教学管理水平。

关键词：教育机会公平

城市优质教育资源流向农村

我市将进一步深入实施"名校集团带动发展"战略，组建"名校＋农村学校"、"名校＋薄弱学校"、"名校＋新建学校"等学校发展共同体，鼓励名校进山区、园区、新区，促进集团内学校共同发展、资源均衡配置、管理共同创新。我市还将建立城乡互动联盟，支持城乡学校结对互助，引导城市优质教育资源向农村流动，不断探索教育均衡发展的途径和办法。

我市将继续推进帮困助学城乡满覆盖，深入开展"阳光宏志"、"金凤凰"等帮困助学工程，确保每一个农村学龄儿童、贫困家庭子女、农民工子女、残疾儿童，都有公平机会接受义务教育。

关键词：素质教育

增设公民意识教育专题课程

我市将进一步推动教育观念和人才观念转变，拟实施市属高校教育质量提升行动。我市还将把课程改革作为内涵发展的重要抓手，落实教育部普通高中课程改革方案和学科课程标准，着力提高课堂质量和效益，并创新人才培养模式，强化学生社会实践、科研实践等培养环节，倡导启发式、探究式、讨论式、合作式和参与式教学方式。

我市将继续加强理想道德教育，拟增设公民意识教育专题课程，深入开展成都"和谐包容、智慧诚信、务实创新"城市精神教育，引导学生树立正确的世界观、人生观、价值观和荣辱观，并开展"阳光体育"、"国学经典诵读"等活动，不断提高学生的综合素质。

关键词：教育管理

推进教师“同县同酬”

我市将不断转变教育管理方式，落实管、办、评相分离的要求，建立营利性和非营利民办学校分类管理办法，完善公共教育服务多元评价体系，推进教育管理信息化、资源数字化和教学手段现代化。我市还将进一步完善教师“县管校用”制度，推进教师“同县同酬”，提高学校办学自主权，建立民主管理、公开透明的学校内部管理机制。据了解，我市将改革考试评价制度，实行分层教学、学分制、导师制等教学管理制度，着力构建促进每一个学生优势潜能充分发挥的教学组织形式。

关键词：师资队伍

常青树计划送教到农村学校

我市将实施教师素质提升工程，强化中青年骨干教师和学科带头人培训，加快建设省、市、县、校四级骨干教师梯队。我市将推动教师专业化发展，实施“名师、名校长计划”和“高层次人才培养工程”，着力培养高学历、研究型教师群体。据了解，我市2010年已经开始实施“常青树”计划，并力争3年内实现每一所农村中小学校有一名名优教师，在二、三圈层区（市）县建立学监、导师、把关教师制度。

我市还将实施职教师资培训基地建设工程，开展“双师型”教师认定，并实行专业教师赴企业行业顶岗实践制度，全面提高职业院校教师的教学实训能力。据介绍，我市将整合教师培训和教研机构，推进“教师发展基地学校”和“中小学教师专业发展导师工作站”建设，造就一批引领作用强的名师和名校。

关键词：教育信息化

构建教育资源公共服务体系

我市将加大市级专项经费投入，加快学校信息化终端设施的普及，加强数字化教育教学建设，构建全市统一的教育信息化管理应用平台，并坚持以政府投入为主，对第三圈层区（市）县和青白江区教育信息化基础建设和基本服务项目给予相应的专项经费补助。

我市还将开展教师教育技术能力培训，提高教师运用信息技术、整合学科教学的能力。实施网络远程教育，完善资源共享机制，扩大优质资源辐射面，建立起全面覆盖学历、非学历、职业教育、市民教育各个领域，开放灵活的教育资源公共服务体系和终身学习平台。

关键词：教育交流

实施骨干校长海外挂职计划

我市将加强与联合国教科文组织等国际组织的交流合作，举办高水平的教育国际论坛和国际会议，打造国际教育人才、国际教育信息交流集散地。促进教育行政部门及学校间的国际交流，实施骨干校长海外挂职计划，鼓励学校与国际友好城市学校结成姊妹学校，鼓励有条件的学校和教育机构到国外设立“孔子课堂（学院）”或分校。加强与港澳台地区的教育合作，着力引进港澳台地区优质教育资源和国际化人才。

关键词：国际化教育理念

建立国际化的人才评价体系

我市将全面推进教育观念制度、方法内容的国际化，鼓励学生参与国际交流活动，培养具有国际意识、能够跨文化沟通和竞争的国际型人才。我市拟借鉴国外先进教育理念，引进国际先进的课程和教材，完善双语教育实验课程体系，促进基础课程和校本课程整体优化。我市还将借鉴国外先进教学方法，引进和执行国际通用标准，选派对外汉语教师到境外任教，建立与国外院校相匹配的人才评价体系。

关键词：国际化教育示范

吸引境外学生来蓉修学旅行

我市还将实施教育“走出去”战略，设立教育国际化窗口学校，扶持乐盟、爱思瑟等国际学校加快发展，创建具有成都特色的教育国际化办学模式。我市将科学规划国际学校及学校附设国际部，多渠道构建招收外国学生和留学生的服务体系，吸引境外学生来蓉修学旅行。加强中外合作办学的内涵建设，共建教育科研机构，创建对外汉语师资实训基地，发展海外远程教育，推动教育国际化发展。

《成都日报》记者 周波

四川新闻网－成都日报（http：//www. sina. com. cn），2010－12－23

盘点2010成都教育关键事
市民期待收费更透明

教育是什么？在教育学界关于“教育”的定义多种多样，但实际上每个读者心中都有自己的答案，可谓仁者见仁、智者见智。2010年，成都教育最给力的事情有哪些？2011年，市民对成都教育最期待的事情又是什么？那一件件鲜活的关键事，串联出一个真实可感的成都教育。时至岁末年初，本期《教育周刊》浓墨重彩梳理2010年成都教育大事记，并邀请广大市民放眼2011年，写下对成都教育的新期待。

关键词：择校费

成都教育关键事：成都规范中小学收费，公示择校费标准

2010年2月20日，市教育局、市物价局、市财政局联合下发《关于我市公办中小学教育收费问题的通知》（以下简称《通知》），首次向社会公示了择校费、高三考前补习费等收费标准，同时，成都市也成为继广州、重庆之后缴纳择校费后无需再缴纳学费的城市。

事件详情：《通知》要求，在成都市六城区择校费标准中，省级及省级以上示范高中为每生每年5 000元，市级示范高中为每生每年3 000元，一般高中每生每年2 000元。《通知》还对高三补课学时以及考前补习费作出了具体的要求，学期中、寒、暑假的补课学时上限分别为204学时、49学时和105学时，在核定学时内，六城区补课费为每生每学时2元，县城为每生每学时1.2元，农村地区在低于城区标准基础上自定。

按照规定小学和初中阶段共有住宿费、课本费、作业本费、小学生托管服务费、自行车寄存费、高中报名考试费6个项目。由于农村地区已减免了课本费和作业本费，因此，这两项费用目前仅限五城区（含高新区）收取，为预收性质。

市民期待：

2011年，孩子就要读小学正式开始漫长的学生生涯了，我期待一切与教育相关的费用信息都更公开、更透明。

——家长刘晓露

关键词：新课改

成都教育关键事：成都高中新课改 2010 年 9 月 1 日正式实施

事件详情：备受社会关注的全省高中新课程改革，在 2010 年 9 月 1 日露面。高中新课程由学习领域、科目、模块三个层次和必修、选修两个部分构成。设置了语言与文学、数学、人文与社会、科学、艺术、技术、体育与健康、综合实践活动 8 个学习领域。新课程实行学分管理，以学分描述学生的课程修习状况，总学分达到 144 学分方可毕业。和大学不同，高中阶段的学分制是即使学生修满了 144 个学分，也不能提前毕业，需完成 3 年的学时才行。而且，学生每学年必须参加 1 周的社会实践，3 年中，学生必须参加不少于 10 个工作日的社区服务。

新课改最大的变化是为学生提供了大量的选修课，致力于学生的个性成长；两大亮点是将综合实践作为新的必修课程，新设通用技术课程。另外，教师也必须参加岗前培训，不符合课改要求绝不能上岗。目前，备受关注的 2013 年高考方案也在紧密研制中，方案将充分体现新课改精神，3 年后第一届新课改毕业生将参加新高考。

市民期待：

2011 年，我要从初中升入高中，期待高中能选修到很多自己喜欢的课程。同时还期待自己学习更进步，解决问题的能力越来越强。

——高中学生周瑞红

关键词：常青树

成都教育关键事：我市启动“常青树——名优退休教师下乡兴教计划”

首批 21 名“常青树”随即将下乡赴任，为农村学校送去自己多年从教的宝贵经验，带去新的教育思想。

事件详情：我市实施“农村中小学标准化建设”，耗资 10 亿元改扩建、新建 400 多所农村中小学后，全市农村学校面貌焕然一新。随着近年来我市大力推进城乡教育均衡发展，2010 年 9 月 15 日，成都市委、市政府决定，启动“常青树——名优退休教师下乡兴教计划”，由政府筹措资金，面向全市招募部分名优退休教师，到三圈层义务教育阶段学校发挥“传帮带”作用，帮助提升农村教师素质和专业水平，促进农村学校发展。

我市还在教育人才交流中心继续接受名优退休教师报名，并将建立一个数据库，随时根据需要选派名优退休教师下乡“兴教”，努力形成名优退休教师下乡兴教的长效机制，力争3年内实现每一所农村中小学校有一名名优教师的目标任务。另外，二圈层区（市）县也可自筹资金参照执行“常青树——名优退休教师下乡兴教计划”，“引进”名优教师。

市民期待：

2011年，我期待自己为乡村薄弱学校发展多出点力，也希望更多的人参与到这个活动中来，发挥余热，多做贡献。

——退休教师雷贞干

关键词：规划纲要

成都教育关键事：全省教育工作会召开，发布《四川省中长期教育改革和发展规划纲要（2010—2020年）》，并提出成都要在中西部率先实现教育现代化

事件详情：《四川省中长期教育改革和发展规划纲要》（以下简称《规划纲要》）指出，我省教育体制专项改革试点共分10个方面24项。其中，涉及成都的改革试点任务主要有3项：探索建立义务教育学科学业测评标准和教育质量监测体系；统筹开发社会资源，加快建设社区教育体系，大力推进学习服务中心建设，推进城乡社区数字化学习实验基地建设和资源库建设；开展城乡教育统筹发展试点和教育现代化先行试验区建设。

我市将进一步完善《成都市九年义务段学科学业测评标准》，为保障教师教学行为的有效性和针对性提供依据和标准，也为构建我市义务教育阶段学生学业质量提供工作基础；将推进社区数字化学习实验基地建设和资源库建设，形成人人可学、处处可学、时时可学，全社会共同建设数字化的学习服务环境，创新“社区数字化学习”建设新模式，推动数字化建设，加快教育现代化步伐，构建终身教育体系，建设学习型成都，快速提高成都市民全民素质；将制定和落实统筹城乡教育资源均衡配置的办法，探索城乡教育一体化的有效途径和有效模式，建立体制机制等保障体系；全面提高教育普及程度，实现各级各类教育优质、高效、均衡发展，在中西部率先实现教育现代化。

市民期待：

《规划纲要》是我省第一个中长期教育改革和发展规划，是今后一个时期指导全省教育改革和发展的纲领性文件，我期待在2011年能看见这个《规划纲要》点点滴滴落实在实际生活中的模样。

——教育工作者张新民

关键词：学前教育

成都教育关键事：成都出台《关于促进学前教育发展的意见》

2010年12月24日，成都市政府正式印发《关于促进学前教育发展的意见》（以下简称《意见》）。《意见》中明确规定，把学前教育纳入全市教育事业发展目标，以大力发展公益幼儿园为重点，以市场配置学前教育资源为手段，建立“政府主导、社会参与、公办民办并举”的多元化办园体制，通过3至5年努力，逐步推进学前教育义务化。

事件详情：《意见》中明确指出，我市将把学前教育纳入全市教育事业发展总体目标，坚持学前教育的公益性，以促进学前教育公平为根本，以大力发展公益性幼儿园为重点，以市场化配置学前教育资源为手段，建立“政府主导、社会参与、公办民办并举”的多元化办园体制，逐步推进学前教育义务化。到2015年，成都市将全面普及公益性学前教育，每个乡镇（街道）至少有一所公益性幼儿园，学前三年毛入学率达到98%以上。

市民期待：

“2011年，我希望孩子健康出生，希望家门口优质的幼儿园越来越多，以后孩子读书越来越方便。”

——准妈妈董欢

四川新闻网－成都日报（http：//www. sina. com. cn），2011－01－06

社区教育提升市民素养

——成都社区大学服务世界现代田园城市建设

2009年年底，成都社区大学在成都广播电视大学正式挂牌成立，开启了我市实施“终身教育行动计划”的实质行动。同时，这也标志着成都广播电视大学启动了全新的腾飞计划——将高等学历教育与提升市民素质紧密结合起来，通过社区教育提升城市品质，为我市建设世界现代田园城市注入新的活力。

据了解，我市依托成都广播电视大学组建成都市社区大学，进而建立起市—区（市）县—街道（乡镇）—居委会（村）的四级社区教育办学的网络体系，并在农民集中居住新区全部成立社区教育工作站，以构建城市终身教育体系，促进学习型城市建设。

其实，早在2009年4月5日，我市获批成为教育部和省、市共建的“全国统筹城乡教育改革试验区”后，就借助这个国家级平台，更新教育观念，创新教育机制，积极实践、探索推进教育现代化的发展，以信息化为突破口，凭借科技一体化、文化多元化，积极探索教育发展新模式，计划2011年至2015年，在中西部率先基本实现教育现代化；2015年到2020年，在中西部地区率先全面实现教育现代化。其中，大力开展社区教育是非常重要的一个环节。

据介绍，成都社区大学由市政府主办，依托成都广播电视大学系统网络和现代远程教育平台，充分整合区域教育机构乃至全社会的优质资源，并形成社区大学、社区学院、社区学校和社区居民教学点四级网络，实现了“全域成都”的全覆盖，创出了具有“成都特色”的社区大学新模式，不仅所需经费由各级政府按比例提供保障，社区教育成效也逐步纳入各级政府的工作责任和目标。

灵活办班服务社区居民

2009年4月，当时正在筹建中的成都社区大学就举办了一个“农民工班”，首次招收了来自省内外的126名农民工，有学习物业管理、物流管理、市场营销、财务会计等专业的，也有不少选择技术性更强的机电、建筑技术等。不少农民工大学生都表示“要让知识改变命运”，他们希望通过自己的努力，学习文化，掌握技术。据了解，这批大学生平均年龄超过35岁，年龄最大的已46岁，一些比较年轻的二十五六岁的农民工也选择了“重返校园”。

2010年10月下旬，组建工作基本完成的成都社区大学“送教上门”，在市民兵综合应急救援大队办了“民兵班”，首次针对民兵举办业余学历教学。据了解，“民兵班”开设了物流管理和物业管理两个专业，计划利用晚上等业余时间选派教师到营地为学生授课。

这些都是社区大学灵活的办学模式和广泛的服务网络所带来的方便。

成都社区大学本部的教室，就设在成都广播电视大学一楼，环境整洁，设施完备，空调和茶水一应俱全，还采用了先进的投影仪设备。据了解，市民不仅可以选择在村组的教学点学习——上午在东门的教学点上课，晚上可在西门的教学点继续学习。此外，市民们若因工作时间安排不能白天上课，晚上也可就近方便地继续学习。

据成都广播电视大学（成都社区大学）党委书记陈雄介绍，服务市民终身学习，是社区大学的办学宗旨；处处可学，时时能学，针对不同对象，适时安排授课时间，无门槛是社区大学的主要特色。成都社区大学目前已建成社区学院19个，社区教学工作站1 175个，各区市县（重点镇）的规范性示范社区学校14个。按照成都市教育局的要求，教学工作站一级已建成71%，社区学院已基本实现全覆盖。

按照“社区大学——一座办在你家门口的学校”的办学理念，该校竭力打造社区居民的“10分钟学习圈”，即绝大多数市民走出家门10分钟就有学习的场所。采用“菜单式”、“订单式”、“定向式”等各种培训模式，满足市民不同层次的学习需求，倡导学习文化。

当前，社区大学积极配合成都市委、市政府的灾后重建工作，已将都江堰向峨乡棋盘村灾后重建农民集中居住区作为“对口支教”援助试点单位，在社区大学挂牌成立后不到一个月的时间内，该校就组织了两次送医、送教下乡活动。棋盘村党支部书记李天平说，社区大学专门组织了送教送医工作队来到棋盘村，对村民开展义诊和预防心血管疾病健康知识讲座，让很多从来没有进过成都大医院的棋盘村村民第一次接受了医疗专家的体检和健康教育，实实在在感受到了党和政府为村民们送来的温暖。2010年元月，在成都社区大学为棋盘村开展的“文明礼仪知识讲座”和“电脑知识讲座”活动中，不少村民踊跃参加。在授课中，教师生动而风趣地讲解，现场模拟演示，村民积极上台配合开展礼仪的多项示范互动，气氛热烈，场面感人。如今，棋盘村社区教育工作站已经建成，村上的远程学习中心也已经向村民们开放，社区村民能够轻松进入成都社区大学的网站，进行相关知识的学习。社区教育和社区活动在棋盘村的开展，让社区村民体会到了我市城乡统筹、灾后文化重建给村上带来的新变化。

准备好了，免费也可受教育

成都社区大学提出了“亲近市民、亲近城市、亲近社会”，进而实现“贴近市民、贴近城市、贴近社会”的目标。在陈雄的心目中，成都社区大学应该充分体现城市的特征，市民和社区素养以及城市品质，都可以通过社区教育来展现。他介绍，成都社区大学将以成都广播电视大学现有的师资为基础，邀请社区教育专家和社会名流，广泛吸纳社会文化教育团体力量和民间团体力量，招募和征集志愿者，形成服务社区的教育队伍，支撑社区教育的开展、推广和深入。

成都社区大学是依托成都广播电视大学建设的，其四级组织架构将教学延伸到市民身边。陈雄介绍，成都社区大学成立后，各区（市）县社区教育学院都将在各街道（乡镇）设立社区学校，并将社区教学点直接办到各社区（村）。也就是说，市民不需要出社区或村，就可以方便地上大学。

成都社区大学包括付费培训和免费培训两部分内容，市民可根据自己的需求选择不同的课程。据介绍，目前成都社区大学已经开通了部分免费培训项目，市民可选择免费上大学。

成都社区大学将提供学历和非学历两种类型的培训。这两种类型的培训还可以转换，“我们将采取学分制，学员接受非学历培训也可以获得学分，一旦取得足够的学分，又满足获得学历的规定，原来接受的非学历培训就可以转成学历培训，取得相应等级的文凭。”陈雄书记说，无论是只学技术，还是希望取得学历，今后市民都可以在社区内就近解决。

内容丰富，休闲娱乐都有份

“成都社区大学将不仅仅是传授书本知识的场所。”在成都广播电视大学副校长周继平的眼中，成都社区大学应该是市民的“精神文明加油站”。他介绍，成都社区大学将结合市委、市政府的中心工作，根据市民需要举办各种类型的培训和教育，“白发老人等都可以在社区大学获得所需的教育”，“通过社区大学帮助市民构建起人生学习链”。他举例说：“家庭理财、家庭安全、家庭档案以及家庭内的和谐、家庭与家庭间的交往，我们都可以展开培训。”据了解，他们将根据市民的发展需求，逐渐完善其教育功能，进而构建起基于居民个人素质与能力的服务体系——道德文明、礼仪交往、法律素质，都可以在成都社区大学得到提升。

周继平介绍，成都社区大学还将根据市民的需求开设多种多样的“休闲班”，比如女士可选择化妆班，老人可选择养鸟班等等。据了解，成都社区大学开设有7个大类300多门课程，打造了“走遍成都”、“话说成都”、“走进国学”、“锦城洋话”4个板块的本土特色课程，将成都美食、美景、人文、历史、文化遗产等纳入了教学。

成都社区大学将提供网络教学、面授辅导、专题讲座、小组讨论、团队活动、实践活动等多种形式的教学，且不仅仅局限于平面发展，还将向“空中”发展。在充分利用成都广播电视大学现有资源的基础上，成都社区大学已经投资800余万元初步形成了社区大学和社区学院两个版本的网站建设规划。成都社区大学网站中的内容非常丰富，包括生活保健、家庭安全、家庭教育、休闲技艺、家庭理财、法律维权、生活环境、语言文字、信息技术等多个板块，并已经拥有时间长达16万分钟的教学节目，市民可以很方便地随时上网查询或观看。

四川新闻网－成都日报（http：//cd. qq. com），2010－03－12

附录一：
2010年成都教育重要活动大事记

1月

7日，市教育局召开推进普通高中名校集团发展工作座谈会。

8日，2010年度全省教育工作会在蓉召开。

13日，中共中央政治局常委、中央书记处书记、国家副主席、中央深入学习实践科学发展观活动领导小组组长习近平在中职和中小学深入学习实践科学发展观活动简报（第80期）上作出批示，充分肯定武侯区锦官新城小学实施“确保每个孩子享有自信和成功的精致教育”的理念和思路。

14日，成都市中小学教师教育年度工作会召开。

19日，市委常委、宣传部部长何华章，市委副秘书长许兴国到都江堰顶新新建小学等学校慰问贫困教师。

20日，副市长傅勇林到通济镇思文小学慰问贫困教师，并召开彭州市灾后学校重建及师资队伍建设工作座谈会。

26日，市教育局召开推进教育现代化工作现场会。

28日，成都市骨干幼儿园园长培训会在温江区召开。

31日，成都市教育工作会议召开。市委常委、宣传部长何华章，副市长傅勇林，市政协副主席杨兴平等出席会议。

2月

22日，成都市中心城区中小学新学期实行错时上放学制度。

22日，成都市教育局召开政风行风评议工作会议。

3月

1日，我市召开百校结对、师徒牵手工作会议，副市长傅勇林、市政府副秘书长杨小英、市教育局局长周光荣等领导出席会议。

4日，《四川日报》、《华西都市报》、《天府早报》、《成都日报》、《成都晚报》、《成都商报》、成都电视台、成都广播电台等省市新闻媒体到蒲江县，就教师集中居住工程进行了集中专题采访。

22日，中央电视台新闻节目中心对我市“县（区）管校用”教师制度的实施情况进行专题采访。

23日，副市长谢瑞武到锦江区新蒙特梭利双语幼儿园调研新社会组织发展建设情况。

26日，省委副书记李崇禧、副省长黄彦蓉到双流县调研“9+3”免费职业教育实施情况。市委常委、宣传部部长何华章，副市长傅勇林等领导陪同调研。

27日至28日，成都市学前教育均衡发展论坛成功举行。副市长傅勇林、市政府副秘书长杨小英，市教育局局长周光荣、副局长刘智慧出席论坛研讨会。

31日，成都市“内涵发展，聚焦课堂”系列展示活动在蒲江县举行。

4月

1日，我市召开普通高中课程改革工作会议。省政府教育督导团总督学刘东、副市长傅勇林、市政府副秘书长杨小英、市教育局局长周光荣等出席会议。

7日，四川省“心海护航”未成年人心理健康教育工程在我市青羊区率先启动。

8日，首届全国国学课堂教学中小学古诗文课堂教学大赛在龙泉驿区隆重开幕。市政府副秘书长杨小英、市教育局副局长左华荣等出席。

14日，副市长傅勇林、市政府副秘书长杨小英一行到成都工业职业技术学校建设工地进行视察。

19日，市教育局局长周光荣到成都石化工业学校调研教育教学工作。

20日，卫生部强生“灾后儿童心理康复援助项目”在彭州市启动。

21日，省教育厅副厅长王康调研藏区“9+3”免费职业教育工作，市教育局副局长崔昌宏陪同。

26日，四川省2010年职业院校学生技能大赛闭幕式暨颁奖大会在武侯区举行。省政府副秘书长陈保明，省教育厅副厅长王康，副市长傅勇林，市政协副主席杨兴平，市教育局副局长崔昌宏等领导出席闭幕式。

27日，国家教育部网站全文刊载武侯区推进城乡教育高位均衡发展的做法和经验。

5月

4日上午，副市长傅勇林到青羊区岳家桥小学，就学校安全管理工作进行专项调研。

7日，省教育厅校园安全工作督查组对成华区中小学（幼儿园）校园及校园周边安全稳定工作进行专项督查。

7日，市政府教育督导团分别对青羊区人民政府和武侯区人民政府就教育现代化水平评估验收工作召开意见交流会。

10日至13日，温江区、蒲江县、大邑县接受省人民政府教育督导团督导评估检查。

13日，副市长傅勇林出席龙江路小学举行的校训对联赏析暨征联揭晓活动。

18日至19日，成都市人民政府教育督导团对锦江区教育现代化水平进行全面督导评估。

19日，教育部、公安部、国安监总局学校安全工作联合检查组检查锦江区学校安全工作。

19日，市政府召开2010年全市招生考试工作电视电话会议。

20日，中央办公厅督查室督察专员咸罗洪视察“9+3”工作。

20日，武侯区教育局与英国韦克菲尔德市教育局签订区域暨结对友好学校教育合作备忘录。

21日，省、委省政府召开“三禁两不”座谈会。省委统战部副部长钟家霖、副市长傅勇林、市教育局副局长崔昌宏等领导参会。

22日，省教育厅副厅长姜树林视察青白江区前进职高。

24日，中组部领导到武侯区调研民办学校党组织建设工作。

28日至29日，首届“都江堰国际论坛”成功举办。

29日，《中国西部社区教育发展报告》课题研讨会在我市举行。

31日，市委常委、宣传部部长何华章，市人大副主任童若春、副市长傅勇林和市政协副主席杨兴平代表四大班子看望、慰问儿童。

31日，市人大常委会副主任童若春看望慰问温江区少年儿童。

6月

1日，省委副书记、省长蒋巨峰在李春城、葛红林、余伟、涂文涛、邓全忠、刘俊林等领导的陪同下，到都江堰市特殊教育学校看望残疾儿童。

1日，市委副书记、市长葛红林到成都市特殊教育学校慰问残疾儿童，看望特教教师。

2日，“京浙蓉三地合作培训小学校长高研班”在武侯开展培训活动。

3日，副市长、市招考委主任傅勇林视察双流“两考”准备工作。

3日至4日，全国青少年廉洁教育工作经验交流会在我市召开。中央纪委副书记李玉赋，教育部党组副书记、副部长陈希，中央纪委驻教育部纪检组组长、教育部党组成员王立英出席会议并讲话。

6日至8日，刘智慧、王励中、崔昌宏、王志成、郭晓亚、施兴国等市教育局领导巡视各区（市）县2010年高考工作

7日，省委常委、宣传部部长黄新初，副省长黄彦蓉巡视我市高考考点。陈保明、涂文涛、何华章、童若春、傅勇林、杨兴平、杨小英等领导陪同。

9日，首期KAB创业教育（中国）项目师资培训班在我市开训。

17日，省委副书记李崇禧，省委常委、市委书记李春城，副省长黄彦蓉等领导率全省“除陋习、树新风”专项行动现场会议代表视察金沙小学。

7月

6日，我市召开推进教育国际化工作会议，提出要用五年左右的时间在西部地区率先基本实现教育国际化。副市长傅勇林出席会议并讲话。

9日，副市长傅勇林参加青羊区树德实验中学教职工暑期集中培训学习活动，市教育局副局长左华荣出席会议。

8月

17日，我市召开青蒲教育互动工作座谈会。

22日至23日，全国部分中心城市农村成人教育第三次协作会议在成都举行。

24日，副市长傅勇林一行专程到蒲江视察学校灾情。

9月

2日，教师节前夕，蒋巨峰、李春城、黄彦蓉、邓全忠、傅勇林等省市领导到都江堰看望师生。

2日，市教育局局长周光荣到岳家桥小学视察学校新学期工作开展情况。

7日，市委常委、宣传部长何华章，市人大副主任童若春、市政协副主席杨兴平看望慰问我市中小学教师。

8日，成都石室中学北湖校区、成都市石室小学、成都市树德小学三校举行落成典礼。傅勇林、何绍勇、杨小英等领导出席落成典礼。

8日，市教育局召开2010年教师节庆祝会。副市长傅勇林出席会议并讲话。

9日，教师节前夕，省委常委、市委书记李春城调研我市教育信息化工作，并看望慰问教师。何华章、邓全忠、傅勇林、李宁、许兴国、杨小英等领导陪同调研。

10日，成都市“9+3”免费教育中职学校师生座谈会在彭州市职业中学召开。李崇禧、黄彦蓉、陈保明、何华章等省市领导出席会议。

14日，国家教育督导团对我市中小学体育卫生工作进行专项督导检查。

15日，副市长谢瑞武调研富士康成都项目校企合作进展情况。

17日，成都市教育局党组书记吕信伟调研彭州市教育工作。

26日，全国政协常委钮小明、副市长傅勇林出席七中嘉祥外语学校十周年校庆。

10月

5日，中国社会保障研究中心主任郑功成到锦江区调研。

12日、20日，市教育局党组书记、局长吕信伟分别到武侯区、崇州市调研教育信息化开展情况。

12日，市发改委检查组对蒲江县中小学幼儿园的收费行为进行专项检查。

12日，市政府副秘书长杨小英到都江堰市友爱学校、七一聚源中学进行调研。市教育局副局长王励中参加调研。

13日、14日，中国教育学会中小学德育研究分会实验学校第二十五次会议在我市举行。

18日，市委副书记、市长葛红林到成都农业职业技术学院调研。傅勇林、杨小英、吕信伟、崔昌宏等陪同调研。

18日至19日，成都举行“全国小学英语双语教学研讨会”。

25日，中央统战部常务副部长朱维群一行到成都市中和职业中学视察“9+3”免费职业教育情况。陈光志、王斌元、包惠等省市领导陪同视察。

25日，市纪委派出第七纪工委、监察分局在我局开展党风廉政建设巡查工作。

30日，我市举行“2010年全民终身学习活动周”启动仪式。

30日至31日，2010中国成都教育国际化论坛成功举行

11月

2日至3日，国家职业教育改革试验区专项督导检查组在我市检查职业教育工作。吕信伟、崔昌宏出席汇报会并陪同检查。

3日，市教育局召开《成都市中长期教育改革和发展规划纲要》（初稿）研讨会。吕信伟、刘智慧出席会议。

3日，市教育局到青白江区开展高中教学调研视导，副局长左华荣参加调研。

3日，中共中央直属机关政策研究室调研我市教育信息化工作。

3日，国家教育督导团视导武侯区职业教育工作。

3日至4日，市委副秘书长、目督办主任李宁到锦江区和青羊区调研。

3日至5日，联合国教科文卫组织专家到蒲江调研统筹城乡教育发展工作。

4 日，局长吕信伟到成都乐盟国际学校进行调研。

5 日，市教育局与上海市教委签订成人教育合作协议。

7 日至 9 日，市教育局副局长崔昌宏参加 2010 年中国杭州国际教育创新大会。

8 日至 10 日，市教育局局长吕信伟应邀参加国际农村教育研讨会并作交流发言。

9 日上午，副市长傅勇林参加“常青树”学监面试工作。

11 日，成都市学校卫生工作现场会在双流县召开。副局长王励中出席会议。

15 日，我市举行首次中美合作幼儿园园长领导力提升培训。

副市长傅勇林、市教育局副局长刘智慧、崔昌宏出席启动仪式。

15 日，市教育局局长吕信伟与法国蒙彼利埃市签署了两市教育合作框架协议。

16 日，傅勇林副市长到锦江区调研校舍安全工程。王励中陪同调研。

16 日，中央教科所第二届全国教育综合改革实验区联席会议在青羊区召开。

16 日，第二届“学校文化与品牌学校建设”全国中小学校长高级论坛在温江区举行。

17 日，市长葛红林会见斯特灵教育投资集团副总裁，市教育局局长吕信伟出席会见。

17 日上午，局长吕信伟与梅里塔斯国际教育集团、成都赛伯乐教育咨询有限公司负责人签订了乐盟国际学校场地和房屋租赁协议。副市长傅勇林出席签约仪式。

17 日，“中英国际气候教育论坛”在我市举行，副市长傅勇林、市教育局副局长崔昌宏出席论坛。

17 日，国家十部委统筹城乡专题调研组到温江区万春实验学校考察，市教育局局长吕信伟陪同考察。

19 日，市教育局普通高中课程改革考察总结交流会在金堂举行。副局长左华荣到金堂竹篙中学、高板中学、淮口中学就高中课改情况进行了调研。

24 日，何华章、傅勇林、许兴国、杨小英、吕信伟、崔昌宏等领导出席“常青树——名优退休教师下乡兴教计划”启动仪式。

25 日，中国成人教育协会常务副会长瞿延东到武侯区调研数字化社区教育工作。市教育局副局长崔昌宏陪同调研。

26 日，我市召开了 2010 年普通高中教育教学工作会。傅勇林、吕信伟出席会议。

29 日，市发改委、市教育局等下发《关于进一步规范中小学服务性收费和代管费管理的通知》。

12月

1 日，我市召开会议贯彻全国全省学前教育电视电话会精神。市长葛红林、副市长傅勇林出席会议并讲话。

1日，市教育局局长吕信伟到蒲江县调研教育改革和发展工作。

2日至3日，副市长傅勇林出席全国中等职业教育教学改革创新工作会议。

3日，我市召开《成都市中长期教育改革和发展规划纲要》编制工作会议。傅勇林主持，杨小英参加会议，吕信伟作工作汇报。

3日，市教育局局长吕信伟到成都市特殊教育学校参加第十九个“国际残疾人日”活动。

3日，我市举行部分民办学校负责人座谈会。市教育局副局长刘智慧出席会议。

6日，市政府副秘书长杨小英到锦江区调研学前教育工作。

6日、8日、15日，市教育局局长吕信伟分别到到新津县、成华区、青羊区调研学前教育和教育信息化工作。

7日，省教育厅副厅长唐小我检查指导武侯区学校安全工作。

8日，我市召开教育信息装备标准化效能化工作会。

9日，全国学校消防宣传教育暨“全国消防安全教育示范学校”创建活动现场会在我市召开。副市长白刚作经验交流，副省长黄小祥出席现场会。

15日，市教育局局长吕信伟到青羊区调研学前教育和教育信息化工作。

20日，市教育局举行“站在新的起点上”主题教育报告会。

20日，我市召开“十万教师大比武——课堂教学大比武”成果推广暨培训会。

21日，全省教育工作会议在成都举行，我市设立成都市分会场。省委书记、省人大常委会主任刘奇葆，省长蒋巨峰等领导出席会议并发表重要讲话，强调要坚持教育优先发展战略地位不动摇，办好人民满意的教育，到2020年基本实现教育现代化，基本形成学习型社会，建成教育强省和西部人才高地。

21日，教育部副部长刘利民视察我市教育均衡发展工作。

22日，市委常委、常务副市长孙平到彭州市濛阳镇七一小学调研。

22日至23日，国家教育咨询委员会义务教育均衡发展组来蓉调研城乡教育一体化工作。

24日，我市召开中小学校舍安全工程现场会。傅勇林、黄平、杨小英等出席会议。

24日，我市出台《促进学前教育发展的意见》。

27日，市人民政府召开第48次关于学前教育发展专题新闻发布会，市教育局副局长刘智慧介绍了我市出台《关于促进学前教育发展的意见》的背景、发展思路、发展目标和主要亮点等。

29日至30日，省“两基”督察组督察蒲江县、双流县“两基”迎国检准备工作。

30日，台湾佛教慈济慈善事业基金会全额援建的金堂县韩滩慈济小学、杨柳慈济小学举行落成移交仪式。傅勇林、吕信伟出席仪式。

30日，市教育局副局长王励中赴崇州市鸡冠山乡苟家村参加该村白云沟山门的剪彩仪式。

31日，市教育局党组传达学习市委工作会议精神。吕信伟主持会议。

附录二：

2010年成都教育重要文件目录

1.《成都市人民政府办公厅转发市教育局关于做好2010年外来务工就业农村劳动者子女接受义务教育具体工作意见的通知》成办发【2010】34号

2.《成都市人民政府办公厅转发市教育局等部门关于进一步做好师范生免费教育试行工作的意见》成办发【2010】48号

3.《成都市人民政府关于促进学前教育发展的意见》成府发【2010】47号

4.《成都市人民政府办公厅转发市教育局关于推进成都教育国际化意见的通知》成办发【2010】54号

5.《成都市教育局关于加强依法治校工作的实施意见》成教【2010】21号

6.《成都市教育局民主评议政风行风工作实施方案》成教监【2010】2号

7.《成都市教育局成都市财政局成都市人事局成都市机构编制委员会办公室关于成都市普通高中课程改革工作的意见》成教【2010】24号

8.《成都市教育局关于印发〈成都市普通高中课程设置指导意见（试行）〉的通知》成教普二【2010】7号

9.《成都市教育局关于深入开展师徒牵手活动的通知》成教人【2010】18号

10.《成都市教育局关于做好中等职业学校农村家庭经济困难学生认定及免学费工作的通知》成教职【2010】12号

11.《成都市教育局关于报请审定〈中共成都市委成都市人民政府关于加快统筹城乡发展全面推进成都教育现代化的实施意见〉（代拟稿）的请示》成教【2010】50号

12.《成都市人民政府教育督导团关于开展名校集团发展专项评估试点工作的通知》成府教督【2010】3号

13.《成都市教育局关于在义务教育阶段开展学业质量和课业负担监测的意见》成教普一【2010】26号

图书在版编目(CIP)数据

成都教育发展年度报告.2011卷/成都市教育科学研究院编.—成都:西南财经大学出版社,2011.7

ISBN 978-7-5504-0382-6

Ⅰ.①成… Ⅱ.①成… Ⅲ.①教育事业—研究报告—成都市—2011 Ⅳ.①G527.711

中国版本图书馆 CIP 数据核字(2011)第153783号

成都教育发展年度报告(2011卷)

成都市教育科学研究院 编

责任编辑:王 利 杨 琳 李特军

封面设计:墨创文化

责任印制:封俊川

出版发行	西南财经大学出版社(四川省成都市光华村街55号)
网 址	http://www.bookcj.com
电子邮件	bookcj@foxmail.com
邮政编码	610074
电 话	028-87353785 87352368
印 刷	郫县犀浦印刷厂
成品尺寸	185mm×260mm
印 张	8
字 数	170千字
版 次	2011年7月第1版
印 次	2011年7月第1次印刷
印 数	1—3000册
书 号	ISBN 978-7-5504-0382-6
定 价	30.00元